KB220392

그림과 이야기로 본 지옥과 극락 세계

佛教 極樂과 地獄의 實際

석인왕, 이광우 공저
김용진 그림

지식의 중심
법문북스

서   문

이 세상 모든 사람들은 사바세계에 생존함에 있어 온갖 고난이 있을 것이다.

이 고난을 극복함에 많은 사람에 따라 그 형태는 천가지 만가지로 분류되어 심지어 구제불능의 범죄를 저지를 수도 있을 것이다.

이러한 사람의 수를 생각하여 본다면 기수부지 임에 틀림이 없다. 이 많은 사람들을 위하여 **"지옥과 극락"**을 소개하여 그 실상을 알려 드리고져 합니다.

이 책을 한번이라도 읽어 본 사람은 사바세계의 생활에서 죄를 지을 사람은 아무도 없을 것입니다.

이 책의 근거는 염마왕청의 판죄설에다가 중국의 천도설이 혼용작성되어 편찬 된 것으로 사람이 죽은후 7 일간은 진광왕이 취급하고 인간의 영혼이 육신으로부터 이탈될때는 마치 어두운 공간속 넓은 계곡에 떨어지는것 같으며, 그렇게 죽어갈때는 넓은 광야를 혼자서 헤메고 가는 중유여로(中有旅路)의 길로 접어듭니다. 이 중유여행(中有旅行)에서 홀로 넓은 들판을 헤메이는데 "여기서" 善行과 惡行이 구별되어 "성불"이 이루어진 사람은 "삼도의 길"을 가는 도중 강을 건너도 다리 위로 당당히 건너가고, 보통의 사람들은 얕은 물 위로 가는가 하면 그 죄상에 따라 건너가는 물의 깊이나 모든 것이 다를 뿐 아니라 죄를 많이 지은 사람은 탁류가 흐르고 파도치며 물속 수귀나 옥귀들이 엄청난 고통으로 괴롭히고 잡아당기고 물속에 처박히는 등의 변을 당하게 되는데 이러한 여로는 한 두군데가 아니라 산에서 들에서 물에서 가는곳 어디서나 온갖 곳에 있다는 사실을 생각하면 사바세계에서 살아가는 동안 아무도 죄지을 사람 또한 없을 것입니다. 우리 일상 생활에 있어 이러한 상상을 머리속에 심어놓고 생활에 임한다면 얼마나 좋을지.

4

이 세상 한평생이야 얼마나 짧은지 불과 일백년이 못 되지만 사후 수천 수만년의 영구함을 감히 생각지 못하고 사바세계에서 발버둥치는 모든 중생들이여, 이제라도 늦지 아니하니 우리 다함께 손에 손잡고 안내에 따라 中有旅路의 길을 편하고 안락하게 가도록 합시다.

이 책으로 하여금 모든 중생들이 구제의 한 작은 지팡이가 될줄 믿으며 이만 필을 놓고 마무리 합니다.

무진 국화꽃 만발한 가을
재판 서문에 임합니다.

10.   30

目 次

6

제 3 편 정토견문집(淨土見聞集)

8

제 1 편 명도여로일기
(冥途旅路日記)

1. 명부사상(冥府思想)과 십왕경(十王經)

이 명도의 여행일기(冥途 旅行日記) 이야기는 불설십왕경 내용(佛說十王經 內容)에서 취재(取材)한 것이며, 그것은 석가모니의 직설(直說)은 아닙니다. 염마왕오천사경(閻魔王五天使經), 철환니리경(鐵丸泥梨經)의 내용이 사상(思想)의 근간(根幹)이 되어서 이 십왕경(十王經) 이야기가 엮어 졌읍니다. 이 경(經)은 당(唐)의 도명화상(道明和尙)에 의하여 시초(始初)로 설교(設敎)되었고, 그와 같은 시기(時期)에 당(唐)에 있어서 장천화상(藏川和尙)이 엮었다고 합니다.

경의 내용은 불교(佛敎)에 있어서의 미래(未來)의 업고(業苦) 즉, 염마왕청(閻魔王廳)의 판죄설(判罪說)에다가 중국(中國)의 천도설(天道說)이 혼용작성(混用作成)된 것입니다. 그 줄거리는 불타열반시(佛陀涅槃時)에 모여든 제천(諸天) 및 염라천자(閻羅天子), 태산부군(太山府君), 사명사록(司命司錄), 오도대사(五道大師) 등에 대한 설법(說法)에서 시작하여, 우선 염라천자(閻羅天子)에게 미래성불(未來成佛)됨을 수기(授記)시키고, 이어서 아난(阿難)의 질문(質問)에 응하여, 명부(冥府)에는 중생(衆生)을 섭화(攝化)코저 하는 보살(菩薩)과 그 범(犯)한 죄과(罪過)에 의하여 퇴락(退落)된 망령(亡靈)과의 두가지 종류(種類)가 있음을 말하고, 다음에는 이 경(經)을 받아드릴수 있는 공덕(功德)을 분명(分明)하게 하고, 삼보(三寶)를 공양(供養)하고 십왕(十王)을 제사(齊祀)지내는데 있어서는 중음(中陰) 49일(日)에만 기다리지 않고, 즉시 선처전생(善處轉生)이 이루어진다고 설교(設敎)되어

14

있으므로 경문중(經文中)에는 17일 내지(乃至) 3년 등(等)의 기
진(忌辰)에 대하여 십왕청(十王廳)을 경유(經由)해가는 상황(狀
況)이 쓰여 있다.

장천화상(藏川和尙)이 이것을 저작(著作)한 이후(以後) 당말
(唐末)이래로 이 경(經)은 성대(盛大)하게 중국(中國)에서 포교
(布敎)되고, 이것이 한국(韓國), 일본(日本)으로 전파(傳波)되어
서 육도능화(六道能化)의 지장신앙(地藏信仰)과 혼용(混用)되어
더디어 오늘날의 민간신앙(民間信仰)의 불사(佛事)의 습속(習俗)
이 되었다.

49일째의 중음불사(中陰佛事)에서 百일 일주기(壹週忌), 삼주
기(三週忌)등의 추선공양(追善供養)의 불사(佛事)는 오직 이 십
왕경(十王經)의 소설(所說)에 의거(依據)한 것이다. 그러므로 이
십왕경(十王經)은 우리 한족(韓族) 및 각 민족(各民族)에게 귀중
(貴重)한 문헌(文獻)일뿐 아니라 우리나라 조상숭배관념(祖上崇
拜觀念)과 종교적풍토(宗敎的風土)는 어느듯 본경(本經)이 그
근간(根幹)이 되어왔다고 하여도 과언(過言)이 아니다.

그러나, 본경(本經)은 불타(佛陀)의 직설(直說)이 아니라는 점
(點)을 들어서 대장경(大藏經)으로부터 제외(除外)되어 왔으므
로 경전(經典)으로서 넓게 유포(流布)되지 않았고, 따라서 그 내
용(內容)도 널리 알려지지 않고 있으나 십왕경(十王經) 그 자체
(自體)가 지니는 종교력(宗敎力)은 결코 무시할 수 없었던 모양
으로서 본경(本經)을 기초(基礎)로 하여서 일본(日本)의 일련상
인(日蓮上人)은 건장(建長) 6년에 「십왕찬탄사(十王讚嘆鈔)」를
만들고, 존각상인(存覺上人)은 문명(文明) 9년에 「정토견문집(淨

土見聞集)」을 저술(著述)하였읍니다.

그리고 천태종(天太宗)의 승려(僧呂) 융효(隆堯)는 응영(應永) 25년의 저술(著述)로서 「십왕찬탄수선사(十王讚嘆修善鈔)」를 엮었읍니다. 이것은 일련상인(日蓮上人)의 십왕찬탄사에서 법화경(法華經)을 포교(布敎)한 부분을 개조(改造)하여 대부분 아미타불(阿彌陀佛)의 명칭(名稱)을 권유(勸誘)한 것이며, 형보(亨保) 6년에 간행(刊行)되어 왔다. 더구나 본경(本經)을 기간(基幹)으로한 저작(著作)으로서는 존각상인(存覺上人)의 「하학집(下學集)」이라는 것이 문안(文安) 원년의 작(作)으로서 전(傳)해지고 있다. 일본 무로마찌시대(日本室町時代)부터 세상(世上)에 알려진 13 불(佛)이라함은 이 십왕(十王)의 본거지(本據地)인 십불(十佛)에다가 阿閦, 大日, 虛空藏의 삼불(三佛)을 추가(追加)하여서 추선회향(追善廻向)의 기일(忌日)에 배당(配當)하여 공양(供養)해온 것이다.

이상은 장천화상 작 「불설십왕경」에 대하여 말씀드린 것인데, 그와 내용이 비슷하나 전연(全然) 다른 책(冊)으로서 「불설지장보살발심인연십왕경(佛說地藏菩薩發心因緣十王經)」이라는 것이 있읍니다.

하여간 이 십왕경(十王經)의 종교적 가치(宗敎的 價値)와 민간신앙(民間信仰)의 힘이 시대가 흐름에 따라 뿌리깊게 모든 민중(民衆)의 마음속에 담겨 있었다.

「죽음의 길의 산(山)」 혹은 「삼도(三途)의 강(江)」 등의 문자(文字)가 고금문집(古今文集)등에서 찾아 볼 수 있으므로써 그 신앙의 영향을 짐작할 수 있다.

2. 십왕(十王)의 본신(本身)

명도(冥途)에는 10명의 왕(王)이 있어서 죽은후의 사람을 재판 (裁判)합니다. 10명의 왕(王)이라 함은 그 본신유래(本身由來)는 여래 보살(如來, 菩薩)이였으나, 생사유전(生死流轉)으로 헤매는 중생(衆生)의 상황(狀況)을 불쌍하게 여겨서 잠시 온화자비(溫 和慈悲)스런 용모(容貌)를 숨기고 극악(極惡) 분노(憤怒)의 가신 (假身)으로서 표현(表現)되어 있는 것입니다. 그리하여 중생(衆 生)이 사바세계(娑婆世界)를 떠나서 명도(冥途)로 향할때, 그 중 도(中途)의 어두운 길가에 자리잡고 있으면서 초7일부터 百일째 일주기(壹週忌)에서 삼주기(三週忌)에 걸쳐서 차례로 망령(亡靈) 을 접견(接見)하고서 각각 그 죄업(罪業)의 경중(輕重)을 사정 (查定)하여 미래(未來)의 전생장소(轉生場所)를 지정(指定) 해 주는 직책(職責)을 담당하는 것입니다. 즉, 십왕(十王)은 중생(衆 生)을 구제(救濟)한다는 보살역할(菩薩役割)을 하는 것이며, 그 공덕(功德)에는 원래(元來)부터 상하(上下)가 없으나, 십왕(十王) 으로 변신(變身)해서 나타나는 이유(理由)는 매우 훌륭한 것입 니다. 그것은 망령생전(亡靈生前)의 죄업(罪業)을 규명(糾明)하 지 못하면 누구도 죄업(罪業)을 두려워하지 않을 것이고 죄업을 (罪業) 겁내고 회개(悔改)하지 않으면 생사해탈(生死解脫)의 길 이 전개(展開)되지 않는 까닭입니다.

3. 단말마(斷末魔)

죽음의 순간의 초 7 일은 진광왕(秦廣王)이 취급(取扱)하는데 이 왕(王)의 본신(本身)은 부동명왕(不動明王)입니다. 이 왕(王) 앞에 도착(到着)하는 초 7 일간에는 여러가지 고환(苦患)이 있읍니다. 우선 생명(生命)이 끊어지면서 죽음의 문으로 들어설때는 단말마(斷末魔)의 고통(苦痛)이라는 것이 있어서 8만 4천여개의 모혈(毛穴)으로부터 모든 병(病)이 덮쳐드는 것이 마치 수천개(數千個)의 창검(槍劍)을 가지고 그 몸체를 짜르는 것 같읍니다. 그 고통(苦痛)이 심(甚)하므로 눈이 멀고 보고져하는 처자형제(妻子兄弟)도 보이지 않습니다. 또한 혀가 굳어져서 남기고져 하는 말도 할 수가 없읍니다.

장엄론(莊嚴論)에 말하기를 생명(生命)이 끊어질때 매우 어두움을 본다. 그리고 깊은 계곡(溪谷)에 떨어짐을 느낀다. 혼자서 광야(廣野)를 걷는다. 동반자(同伴者)도 없다라고 쓰여있읍니다.

4. 중간여행(中間旅行)……中有旅路……

영혼(靈魂)이 육신(肉身)으로부터 이탈(離脫)될때는 어두운 공간(空間) 넓은속 계곡(溪谷)으로 떨어지는 듯 합니다. 그렇게 되어서 죽어갈때는 홀로 넓고 넓은 들판을 헤매고 가는 것입니다. 이것을 중유여로(中有旅路)라고 합니다.

그래서 단지 혼자서 어슬렁 어슬렁 이 길을 정처(定處)없이 걸어가도 먹을 것도 없고, 중간(中間)에서 쉬어가고저 해도 집도

18

断末魔

中間旅路

없읍니다. 또한 가는 길손이 어두컴컴하여 하늘에 별이 약간 보일 정도(程度)이므로 다만 그 불빛만 바라보고 걸어가므로 전후 좌우가 모두 어두운 곳입니다.

어느쪽을 가야할지 물어보고 싶어도 근처(近處)에 사람도 없읍니다. 다만 차갑고 불안(不安)하고 슬픈 생각만 듭니다. 그래서 사바세계(娑婆世界)가 그립고 처자(妻子)가 그리워도 돌아갈 수 없으므로 그것도 되지 않읍니다. 전도(前途)는 더욱 더 멀리 보일뿐 어느쪽으로 가야할지 생각이 나지를 않읍니다.

이것 저것 몸에 따르는 것은 슬픔과 눈물 뿐입니다. 이렇게하여 정처(定處)없이 걸어가다가 옥졸귀(獄卒鬼)를 만나는 사람도 있읍니다.

이것은 죄업(罪業) 구분에 따라 일어나는 것입니다. 또한 이 이외(以外)로 극악(極惡) 또는 극선(極善)이 될 경우에는 이러한 중유여행(中有旅行)따위는 없읍니다. 왜냐하면 극선(極善)의 망령(亡靈)은 즉시성불(卽時成佛)되고, 극악(極惡)의 망령(亡靈)은 즉시 지옥(地獄)으로 떨어져 버리는 까닭입니다. 즉, 극선(極善)도 아니고 극악(極惡)도 아닌 단지 평범(單只 平凡)하게 불도수양(佛道修養)하여도 충분한 불도성취(佛道成就)를 못한 사람들이 중간여로(中間旅路)를 떠나는 것입니다.

5. 나찰(羅刹)의 가책(呵責)

끊임없이 망령(亡靈)의 죄수(罪囚)는 어두운 명로(冥路)를 단지(單只) 혼자서 걸어갑니다. 실로 이때까지 동반(同伴)도 없이 넓은 들판을 혼자서 여행(旅行)하는 듯이 느껴왔으나 눈에는 확실(確實)하게 안보이면서 어디서인가 망령(亡靈)의 고통 비통(苦痛 悲痛)소리가 가끔 스쳐 들리어 온다. 또한 사나운 옥귀(獄鬼)의 소리인듯하는 소리도 울리여 들린다. 망령죄수(亡靈罪囚)는 어쩐지 가슴이 떨리고 공포증(恐怖症)에 어쩔줄 모르고 있으니 홀연(忽然)이 나찰(羅刹)의 모습이 앞으로 나타난다. 나찰(羅刹)은 식인귀(食人鬼)와 같이 무서운 악귀(惡鬼)의 일종(一種)입니다.

지금까지는 단지(單只) 말로서만으로 들었을 뿐이고, 눈앞에서 실제(實際)로 보는 그 무서움이란 전신(全身)이 굳어질 지경이다. 이 나찰(羅刹)에 시달리면서 억지로 끌려간 곳이 겨우 「죽음길의 산(山)」에 도착한다.

6. 죽음길의 산(山)

이것이 과연(果然) 유명한 "죽음의 길의 산(山)"인가하고 처음 산(山)의 모습을 보니, 과연(果然) 높고 험(嶮)함이 말할 수 없이 굉장하고 어떻게 넘어갈까 생각할 여유도 없이 옥귀(獄鬼)들에게 끌려서 울며 산(山)을 오르게 됩니다. 바위가 칼날같이 솟아있으며 오르고져 하여도 도저(倒底)히 오르지 못하고 망서리고 있으니 옥귀(獄鬼)들은 사정(事情)없이 철봉(鐵棒)을 들고서 내리치니 숨길이 막히며 당장 죽은듯 하더니 지옥여로(地獄旅路)에는 죽음이 없으므로 즉시 원상(元狀)복귀가 반복되어 갑니다.

즉, 죽음의 나들이이므로, "죽음길의 산(山)"이라고 합니다. 발디딜 곳도 없이 험(嶮)한 산길을 올라갑니다. 우선에 지팡이라도 빌리고저 하여도 주지도 않을 뿐더러 다리의 살결이 찢어지고 터지므로 짚신이라도 소망(所望)을 해도 아무도 빌려주는 사람도 없읍니다. 이 산(山)이 험(嶮)한 이유는 수직(垂直)한 벽(壁) 같으면서도 그 높이가 8백리나 되는 것입니다.

산봉우리에서 불어오는 태풍은 매우 강(强)하며 살결에 스쳐서 골수(骨髓)에 박혀짐이 칼날 같습니다.

이러한 여러가지 고통(苦痛)을 받으면서 비탄중(悲嘆中)에 죽음의 산(山)길을 지내오면 비로소 진광왕(秦廣王) 앞에 도착(到着)합니다.

7. 진광왕(秦廣王)의 규명(糾明)

돌아보니 여러 죄수(罪囚)들은 여러가지로 묶여서 왕(王) 앞에 나란히 꿇어 앉아 있읍니다. 이때 대왕(大王)은 죄수(罪囚)들을 바라보시고 말씀하시기를 도대체 너희들은 시작(始作)도 없이 여기로 몇번째 왔던 것이냐. 그 회수(回數)가 항하(恒河) 모래 숫자와 같은 것이다. 너희들은 잡혀올 때마다 지옥업보(地獄業報)를 마치면 사바(娑婆)로 돌아갈때 옥귀(獄鬼)들로부터 얻어 맞으면서 「인간으로 환생(還生)되면 불도수양(佛道修養)하여 성불(成佛)되도록 하고 재차(再次) 이러한 지옥(地獄)길에 오지 말자」하고 그렇게도 당부했음에도 불구하고 회개(悔改)하지 않고 다시 악업(惡業)을 조작(操作)하여 재차(再次) 여기에 들어닥치는 한심(寒心)한 꼴이 되었구나 더구나, 사바세계(娑婆世界)는 지금 불도유포(佛道流布)가 번성(繁盛)하지 않느냐. 그러나 너희들은 불도를 태만(怠慢)하게 하고 무익한 죄업(罪業)만 저지르고 재차(再次)로 여기에 온다는 것이 무엇이냐라고 엄숙(嚴肅)하게 꾸짖는다. 그때 죄수(罪囚)는 떨면서 변명(辯明)하기를 「분부(吩咐) 말씀 매우 송구하오나 이몸의 과보(果報)함을 잊어버리고 인간생활(人間生活)에서 이러한 불도수행을 버리는 과오생활(過誤生活)을 하여 온 것입니다. 다만 무식(無識) 했던 과보가 원망스럽습니다. 그러나 본질적 양심(本質的良心)은 죄업을 가질 생각이 없었읍니다. 아무쪼록 굽어 살펴주시옵기 바랍니다.」라고 떨면서 답변(答辯)을 늘어놓으니 진광왕(秦廣王)은 노발대발(怒發大發)하여 말씀하시기를 「너희가 말한 것은 사리에 안맞다. 재가(在家) 몸이라고 불도수행(佛道修行)이 안될리가 없다. 성불(成佛)에도 크게 어려운 지혜재질(知慧才質)이 불필요(不必要)한 것이다. 너는 후생존재(後生存在)를 잊어버리고 나쁜마음과 나쁜 행동(行動)을 저질렀으므로 또다시 여기에 끌려온것이다. 다시 변명(辯明)할 여지(餘地)가 있겠느냐」하고서 눈을 불키면서 노려보니, 죄수(罪囚)들은 당연(當然)한 논리(論理)에 일언반구(一言半句)변명도 못했읍니다. 대왕(大王)은 그때 「너희들은 지금까지 부끄럼도 없이 어쩌고 저쩌고 이유(理由)를 달아서 말했으나 이제 와서는 어찌 대답(對答)이 없느냐」하고 따졌으나 지금은 여러 죄수(罪囚)들이 그 칙언(勅言)이 간담(肝膽)에 스쳐 들어서 다만 울기만 하게 되고 지금 와서는 百번이고 千번이고 후회(後悔)한다 하여도 돌이킬 수 없고 시간낭비(時間浪費)만 되고 이미 범(犯)한 죄업(罪業)의 보답(報答)만 기다리게 되었으며 누구를 원망할 수도 없게 되었다.

8. 삼도(三途)의 강(江)

진광왕(秦廣王)의 어전(御前)에서 죄과(罪過)의 경중(輕重)이 아직 미정(未定)된 망령(亡靈)들은 27일(日)째 되는 날에는 다음으로 초강왕(初江王)앞으로 끌려간다. 이 초강왕본신(初江王本身)은 석가여래(釋迦如來)이시다.

그런데 이 초강왕(初江王) 앞으로 가는 도중(途中)에 큰 강(江)이 있는데 이것을 삼도(三途)의 강(江)이라고 합니다. 여기서 강(江)의 상류(上流)쪽의 건널목 장소(場所)는 강바닥이 얕아서 물결이 무릎까지만 대이는 곳으로서 죄업(罪業)이 가벼운 망령(亡靈)이 건너가는 곳입니다. 강의 중류중간지점(中流中間地點)에는 다리건너기라고 하여서 금은칠보장식(金銀七寶裝飾)으로 만들어진 다리위로 건너가는 것입니다. 여기는 선인(善人)만이 건너갈 수 있는 곳입니다. 다음은 하류(下流)쪽 건널목 장소(場所)를 깊은 바닥이라고 하여 여기는 악인(惡人)의 망령이 건너가는 곳입니다. 이 하류(下流)의 건널목의 물살은 매우 급류(急流)가 되어서 화살과 같이 물살이 빠르고 강(強)하여 그 물결높이가 큰 산(山)높이 만큼 됩니다. 그 물결속에는 독사(毒蛇)가 있어서 같이 흘러내려오면서 망령죄수(亡靈罪囚)를 물어 뜯습니다. 그리고 큰 바위같은 돌이 폭포(爆暴)와 같이 흘러 내려와서 망령죄수(亡靈罪囚)의 몸체를 분쇄(粉碎)하여 갑니다. 그래서 죽었다가도 다시 깨어나고 피(避)하여 돌아서면 다시 분쇄(粉碎) 당한다. 강변(江

三途의 江

邊)으로 도망(逃亡)하여 나오면 옥귀(獄鬼)들이 활을 쏘면서 밀어 넣는다. 물속으로 가라앉으면 큰 뱀이 입을 빌리고 잡아 먹으려고 합니다. 이러한 고통(苦痛)을 반복(反復)하여 오다가 7주야(晝夜)가 지내서 겨우 강변대안(江邊對岸)에 도착(到着)한다. 그리고서 우두마안(牛頭馬顏) 모습의 옥귀(獄鬼)들은 전후좌우(前後左右)에서 망령죄수(亡靈罪囚)들을 몰아붙이고 내리칩니다.

9. 망서리는 산길(山間迷路)

그럭저럭 삼도(三途)의 강(江)을 건너서 대안(對岸)에 오르면 강변(江邊)위에는 의령수(衣領樹)라는 커다란 나무가 하나 서 있다. 이 의령수(衣領樹) 위에는 현의옹(縣衣翁)이라는 옥귀(獄鬼)가 기다리고 있고 그 나무 아래에서는 현의구(縣衣嫗)라는 할머니 옥귀(獄鬼)가 기다리고 있어서 지나가는 망령(亡靈)의 옷을 벗겨서 나무위의 현의옹에게 던져주면 그 옷을 나무가지에 걸쳐 둡니다. 그리고서 나무아래로 지나가는 모든 망령(亡靈)을 붙잡고서 사나운 목소리로 「입었던 옷을 모조리 벗어두고 가라」고 하면서 노려봅니다. 이미 그때는 망령(亡靈)들도 내의(內衣)만 걸쳐 있으므로 납짝하게 업드려서 「지금부터 십왕(十王) 앞으로 나아가야 하므로 이 내의(內衣)만은 박탈하지 말고 잘 봐주시기 바랍니다.」라고 하여 업드려서 애원(哀願)하면 옥귀(獄鬼)들은 크게 웃다가 화를 내면서 「매우 어리석은 자식들아, 여기서 옷을 입고간다고 하여도 당장 불타버릴 것이니 어서어서 벗어버리고 가라」하면서 힘차게 잡아당기니 도리없이 벌거숭이가 되

어서 모두들 어색하게 쫓겨 갑니다.

분(憤)하고 슬프구나. 그 옛날 사바세계(娑婆世界)에 있을때는 칠보만보(七寶萬寶)를 창고(倉庫)에 적재(積載)하고서 춘하추동(春夏秋冬) 여러가지 의상(衣裳)으로 치장하여 매일매일 족친간(族親間)으로부터 부러움을 받고, 부귀영화(富貴榮華)를 누리고 살아왔으나 명도중유여로(冥途中有旅路)에서부터 고통(苦痛)받는 신세(身勢)가 되고부터는 부끄럽도다. 한벌의 내의(內衣)까지도 몸에 걸치지 못하고 단지(單只) 한사람의 비종(婢從)도 없이 혼자서 청성스럽게 떠돌이 신세(身勢)가 되었으니 슬프기 한이없읍니다

제왕(帝王)도 생전(生前)에는 그 행차(行次)에 백관(百官)이 호화(豪華)롭게 따르고 가는 길도 미리미리 청소(淸掃)하여 두는데 황천(黃泉)길에 들어서면 쓸쓸하게 혼자서 헤매게 되니 어찌 슬프지 않을소냐. 평생배필(平生配匹)로 정든 부부(夫婦)도 유명(幽明)을 달리면 뿔뿔이 흩어져 가는 꼴이 되니 그 누가 초로인생(草露人生)을 느끼지 않으리오.

10. 죄업검문(罪業檢問)

드디어 망령(亡靈)들은 초강왕청(初強王廳)에 도착(到着)하여 왕(王)앞에 업드려 경배(敬拜)합니다. 그때 초강왕(初強王)은 엄숙(嚴肅)하게 「어떠냐 너희들은 사바재세(娑婆在世)때, 어떠한 적선(積善)을 했으며, 또는 어느 정도(程度) 공적(功積)을 쌓아 올렸느냐. 자세히 아뢰라」라고 분부(吩咐)하신다. 그러나 망령(亡靈)들은 생전(生前)에 있어서 내세울만한 단일건(單一件)의

적선(積善)도 없으므로 다만 고개만 숙이고 말없이 꿇어앉아 있었으나, 마음속으로는 불안(不安)과 슬픔이 가득했읍니다. 대왕(大王)은 또다시 「어떻게 어떻게 라고 아무 대답(對答)도 없느냐」라고 재촉(催促)을 하니, 망령(亡靈)은 혹(或) 처벌(處罰)이 면(免)할 수도 있을까도 생각되어서 「황송하오나 아룁니다. 생전(生前) 건망증(健忘症)이 심하여 모든 사실(事實)을 잊어 버렸읍니다.」라고 아뢰니 그때 대왕(大王)은 「그렇다면 기록문서(記錄文書)를 들쳐 보라」라고 분부합니다. 그 기록 문서는 대왕(大王)의 좌우(左右)로 각각 일명(壹名)씩 담당관(擔當官)이 가지고 시립(侍立)하고 있다가 왕의 분부(吩咐)에 다라 기록사실을 보고(報告)드립니다. 그 좌측관리(左側管吏)는 대산부군당(大山府君幢)이라고 하여 모든 중생(衆生) 일체(一切)의 죄업(罪業)을 모두 기록소지(記錄所持)하신 신장(神將)이고, 우측관리(右側官吏)는 흑암천녀당(黑闇天女幢)이라고 하여 어떠한 사소한 선행(善行)도 빠지지 않고 기록(記錄)해서 가지고 있는 신장(神將)입니다. 이 두 신장(神將)을 쌍당(雙幢)이라고 하여 사람의 모든 선악행동(善惡行動)을 손바닥 보듯이 자세(仔細)하게 알고 있으므로 망령 생전의 선악이 거울 보듯이 자세하게 그 기록문서 (記錄文書)에 기재(記載)되어 있읍니다.

대왕(大王)의 명령(命令)에 의하여 당장 그 기록문서(記錄文書)를 바치면 대왕(大王)은 자세(仔細)하게 읽어 봅니다. 망령(亡靈)은 이러한 상황(狀況)을 보고서 자신(自身)들의 과거행동(過去行動)을 추억(追憶)하여 한(恨)스러운 마음에 가슴이 찢어질듯이 슬프나 이제 와서는 어찌할 도리(道理)가 없읍니다.

　대왕(大王)은 옥귀(獄鬼)를 불러서 「이 망령죄수(亡靈罪囚)를
속(速)히 지옥(地獄)으로 보내라」라고 명령(命令)합니다. 이 한
마디 명령(命令)을 듣고서 졸도(卒倒)할 정도(程度)로 대경실색
(大驚失色)한 망령(亡靈)은 눈물을 흘리면서 애원(哀願)하기를
「선고분부(宣告吩咐) 말씀은 지당(至當)하오나 소생자신(小生自
身)에는 스스로가 구조(救助)될 수 있는 아무런 공덕(功德)이 없
읍니다. 다만 사바(娑婆)에 잔류(殘留)하고 있는 소생(小生)의
처자권족(妻子眷族)들이 소생을 위하여 지금쯤에는 추선공양(追
善供養)을 드리고 있다고 생각됩니다. 아무쪼록 그 선근(善根)을
기다리고저 하오니 원(願)하옵건데 잠시만 대왕(大王)님 옆에
서 기다리게 하여 주소서」라고 경배(敬拜) 드립니다. 대왕(大王)
은 「너희가 그렇게 생각하는 것도 무리(無理)가 아니다. 그렇다
면, 나의 자비(慈悲)로서 잠시 기다려 보자」라고 분부(吩咐) 하
십니다.

11. 불타(佛陀)의 자비(慈悲)

　초강왕(初強王)의 본신(本身)은 석가여래(釋迦如來)이므로 본
래(本來)가 자비심(慈悲心)이 많으신 분이므로 모든 망령죄수
(亡靈罪囚)를 평등(平等)하게 구원(救援)코저 하는 생각은 마치
부모(父母)가 그 병든 자식(子息)을 걱정하는 모양과 같으나, 중
생(衆生)의 업력(業力)이 불력(佛力)을 초과(超過)한 이상(以上)
업인성과(業因成果)의 도리(道理)가 필연적(必然的)으로 부닥치
게 되므로 불타(佛陀)의 자비(慈悲)로서도 구원(救援)하기가 어

려우므로 황송하옵게도 부처님에게 자비(慈悲)의 고민(苦憫)을
당(當)하시도록 하여서 매우 죄송한 꼴이 되었읍니다.

그러므로, 불타(佛陀)는 정중하게 여러가지 법문(法門)을 포교
하여서 일체중생(一切衆生)을 교화선도(敎化善導)하여 모두를
불도(佛道)에 불러들이고저 하는 소망이였으므로 두고두고 이
도리(道理)를 생각하여 우리들은 성불득도(成佛得道)를 기약(期
約)해야 합니다. 그러한데 신심(信心)을 소홀(粗忽)하게 하여
삼도강(三途江)에 빠져서 고생당한 후에 후회(後悔)하여도
소용(所用) 없읍니다.

12. 유족(遺族)의 추선불공(追善佛供)

그래서 망령(亡靈)은 사바(娑婆)에 남겨둔 처자형제(妻子兄弟)
가 추선불공(追善佛供) 하여주기를 일각천추(一刻千秋)의 기분
(氣分)으로 기다렸으나, 사바(娑婆)에서는 전혀 추선불공(追善佛
供)을 생각조차 하지않고 오히려 남아있는 자식(子息)들은 망령
(亡靈)의 유산분배(遺産分配)문제를 두고서 싸움만 하고 더욱
더 죄업(罪業)만 쌓아올리고 있었다고 합니다. 사태(事態)가 이
렇게 되니 망령(亡靈)은 더욱 난관(難關)에 부닥치는 꼴이 되어
갑니다.

불쌍한 망령죄수(亡靈罪囚)가 사바재세(娑婆在世)때는 처자식
(妻子息)을 위하여 죄업(罪業)을 범해가면서 축재(蓄財)하여 준
것인데, 그 유산(遺産)이 지옥(地獄)길의 구원(救援)은 커녕 오
히려 죄업(罪業)이 가중(加重)되는 꼴이 되었으니, 근소(僅少)한

선근(善根)마저도 추송(追送)되어 주지 않는다는 것은 얼마나 무정(無情)한 일인가 하고, 슬픔과 원망(怨望)에 그냥 울부짖기만 합니다. 대왕(大王)께서는 이러한 모양을 보시고서 너의 자식(子息)들은 너무나 불효(不孝)한 놈들이다. 지금에 와서는 나의 힘도 구원(救援)이 안된다 라고 말하시면서 지옥(地獄)으로 보냈읍니다.

사바(娑婆)의 처자식(妻子息)이 만약(萬若) 이때 추선불공(追善佛供)을 들이게 되었더라면 망령(亡靈)은 편안(便安)하게 성불(成佛) 되었을 것이고, 대왕(大王)이나 망령(亡靈)의 기쁨이 또한 컸을 것입니다. 그리고 만약에 유족(遺族)들이 이르타고 하는 추선불공(追善佛供)도 하지않고 죄업(罪業)도 겹치지 않을 경우에는 죄량(罪量)을 결정(決定) 지우기가 힘들어서 다음 왕청(王廳)으로 송치(送致)시킵니다.

13. 검문소수비잡귀(檢問所守備雜鬼)

37일째의 왕청(王廳)에 계시는 분은 송제왕(宋帝王)이시며, 문수보살(文殊菩薩)이십니다. 이 왕청내(王廳內)로 가는 도중(途中)에 업관(業關)이라는 검문소(檢問所)가 하나 있읍니다. 이 업관(業關)을 지키는 옥귀(獄鬼)는 머리에 16개의 뿔이 나고 얼굴에는 12개의 눈이 박혀 있어서 그 눈을 움직이면 눈빛이 번갯불 같은 빛입니다. 입에서는 무서운 불꽃을 토하고 있읍니다. 망령(亡靈)은 이 옥귀(獄鬼)를 쳐다보면 그만 기절(氣絶)합니다. 이때 옥귀(獄鬼)는 잠시 눈을 감고서 망령(亡靈)의 마음을 안정(安

定)시키고 말씀하시기를

「야, 이 망령(亡靈)들아 몰랐느냐 여기는 업관검문소(業關檢問所)이다. 빨리 통행세(通行稅)를 바치고 나가라」고 외치면 망령(亡靈)은 떨면서 대답을 합니다.

「모처럼의 분부(吩咐)이오나 사바(娑婆)에 있을때 금은재보(金銀財寶)는 죽음과 동시(同時)에 전부(全部)버리고 왔으므로 지금 가진것은 아무것도 없읍니다. 다만 한벌 입고 왔던 내의(內衣)마져도 삼도강(三途江)을 건널 때, 박탈(剝脫) 당했읍니다. 지금 보시다시피 벌거숭이 꼴이 되어 있으니 바칠만한 것이 아무것도 없고 통행세(通行稅)도 가지지 않았읍니다. 아무쪼록 용서하시여 그냥 통과시켜 주시기 바랍니다.」라고 하면서 업드려서 애원(哀願)한다. 이때 옥귀(獄鬼)들은 눈을 크게 뜨고서 화내어 말하기를

「이 업관검문소(業關檢問所)까지 올 정도(程度)의 죄수(罪囚)는 살생(殺生)과 도적(盜賊)질 또는 횡령(橫領)을 간행(敢行)한 자(者)이다. 이러한 죄업(罪業)이므로 너의 수족(手足)을 뽑아서 통행세(通行稅)로 대치(代置)한다 빨리 바쳐라」라고 말함과 동시에 망서리는 망령(亡靈)의 수족(手足)을 덥석 잡고서 뿌리채로 뽑아서 철판(鐵板)위에 나란히 올려둔다. 망령(亡靈)은 이때 혼(魂)이 달아나고 기겁을 하였으나, 업보(業報)의 매듭이 끝나지 않는 슬픔에는 도리가 없었읍니다. 빠진 수족(手足)자리에는 그림자와 같은 수족(手足)이 재생(再生)되고 스스로 걷기도 전에 업풍(業風)에 날려서 그대로 송제왕(宋帝王) 앞으로 나아갑니다.

14. 죽은후 37일째

송제왕(宋帝王) 앞에 엎드린 망령(亡靈)은 울면서 자신(自身)들의 죄(罪)가 없음을 호소애원(呼訴哀願)하면, 대왕(大王)이 대답하기를 「너희는 간악(奸惡)한 자(者)들이다. 죄업(罪業)없이 여기까지 들어올리(理)가 없는 것이다. 지금 여기와 있으면서 죄(罪) 없다는 변명(辯明)을 한다고 하여도 죄업(罪業)을 피(避)할 도리(道理)가 없다. 결국 너희들 생애(生涯)에 저지른 죄업(罪業)은 빠짐없이 여기에 기록(記錄)되어 있으며 자세(仔細)하게 읽어서 들려주어야 된다」고 하시며, 대왕자신(大王自身)이 큰소리로 읽어나가니 그 소리가 천둥 우뢰소리와 같이 크게 들린다. 망령(亡靈)은 그 소리에 쥐구멍에라도 숨어버릴듯 부끄럼을 느꼈으나, 도리(道理)없이 듣고 있었다. 그러나 사바(娑婆)에서 범(犯)한 살생(殺生), 강도(強盜), 간음(姦淫), 망언(妄言)등의 중악죄(重惡罪) 더구나 비밀(祕密)로 저질러서 아무도 모른다고만 생각되었던 죄악(罪惡)등이 털끝만치도 숨기지 않고 기록(記錄)되어 있으며, 이것을 자세(仔細)하게 읽어 들려줌으로서 망령(亡靈)들은 한마디도 변명(辯明)할 수가 없이 다만 눈물만 흘리고 있었으나, 그래도 어떻게 피(避)할 수 있을까 하여 애원(哀願)하기를 「이 몸의 죄업전부(罪業全部)는 기록장(記錄帳)에 쓰여있음과 같으므로 이제와서는 변명(辯明) 않겠읍니다. 다만 사바(娑婆)에 남아있는 자식중(子息中)에서 효심(孝心)이 많은 자(者)도 있사오니 과연(果然) 저희를 위하여 추선공양(追善供養)도 올려줄 것으로 생각되오니 대왕(大王)님의 자비(慈悲)로서 잠간 기다려

주시기 바랍니다.」라고 하면서 그림자같은 손을 비비면서 애원(哀願)드리니 송제왕(宋帝王)은 표면상(表面上) 무섭게 보이나 원래가 자비(慈悲)하신 분이시므로「너의 좌업(罪業)이 전부(全部) 드러나서 당장(當場) 지옥(地獄)으로 보내야 하나 사바(娑婆)에 처자(妻子)를 두고 왔으니 그 추선공양(追善供養)을 기다려 보자」라고 자애(慈愛)로운 분부(吩咐)가 있고서 기다리게 된다.

여기서 사바(娑婆)에 남은 자식(子息)들이 효행추선공양(孝行追善供養)을 지성(至誠)으로 올리게 되면 망령(亡靈)의 죄업(罪業)은 지옥(地獄)에서 사면(赦免)되는 것이다.

이렇게 되면 대왕(大王)도 매우 기뻐하여「너희를 닮지 않은 영특한 자식(子息)이로다.」하시면서 칭찬받으면서 구제되는 것이다. 만약 여기서 단죄부정(斷罪不定)하면 다음 왕청(王廳)에 송치(送致)된다.

15. 열탕(熱湯)의 강(江)

제 47일째는 오관왕청(五官王廳)에 온다. 이 왕(王)의 본신(本身)은 보현보살(普賢菩薩)입니다. 이 왕청(王廳)에 오는 도중(途中)에 업강(業江)이라고 하는 큰 강이 있읍니다. 그 넓이가 5백 리나 되고 파도(波濤)는 잔잔하나 열탕(熱湯)이 되어서 매우 뜨겁고 악취(惡臭)가 고약하게 나서 그것이 주위(周圍) 4 십리나 뻗쳐나가고 있으며 망령(亡靈)은 어떻게 하든지 이 강(江)을 건너기를 망서리고 있으니, 옥귀(獄鬼)가 뒤에서 철봉(鐵棒)으로서 밀어 넣으므로서 그냥 열탕(熱湯)속으로 빠져 버립니다:

열탕(熱湯)속에 빠지면 열기(熱氣)와 악취(惡臭)가 목속으로 스며들어서 오체(五體)가 허물어지고 그 고통(苦痛)에 혼비백산(魂飛百散)이 될 지경이다. 더구나 이러한 곳에서 쇠톱과 같은 주둥이를 가진 커다란 독충(毒蟲)이 수없이 달려들어서 망령(亡靈)의 몸체를 찝고, 물고하여 그 생혈(生血)을 빨아먹는다.

이러한 고뇌고통(苦惱苦痛)에 시달리기를 7주야(晝夜)가 지나서 비로소 오관왕(五官王) 앞으로 끌려옵니다.

16. 소인대과(小因大果)

망령(亡靈)은 떨면서 대왕(大王)을 우러러 보면서 탄식(歎息)하여 애원(哀願)하기를 「대왕(大王)님이시여 여기까지 오는 도중(途中)에 당한 대고뇌(大苦惱)로서 심신(心身)이 꺼질듯 합니다. 사바(娑婆)에서 범(犯)한 죄업(罪業)이 전혀 없다고는 생각하지 않읍니다마는 이러한 중죄(重罪)감은 아닌줄로 생각됩니다. 아무쪼록 자비(慈悲)로서 가볍게 좋게 처분(處分)해 주시옵기를 복망(伏望)합니다.」라고 하면서 이마를 조아려가면서 애원 간청하니 대왕(大王)은 매우 화를 내시여 「그런데 너희는 소인대과(小因大果)의 사리(事理)로 너희 마음에는 소죄(小罪)로 생각되어도 그 고과(苦果)를 느낄때는 반드시 대과(大果)가 되는 법이다. 그런데 너희는 그 분수(分數)를 차리지 않고 황송하게도 명관(冥官)을 의심(疑心)하여 원망하는 것은 매우 부당(不當)한 것이며, 결국(結局)은 너희가 사바세계(娑婆世界)에서 일평생(一平生) 저질은 악업(惡業)이 얼마나 되는지 그러한 것을 너희 몸속

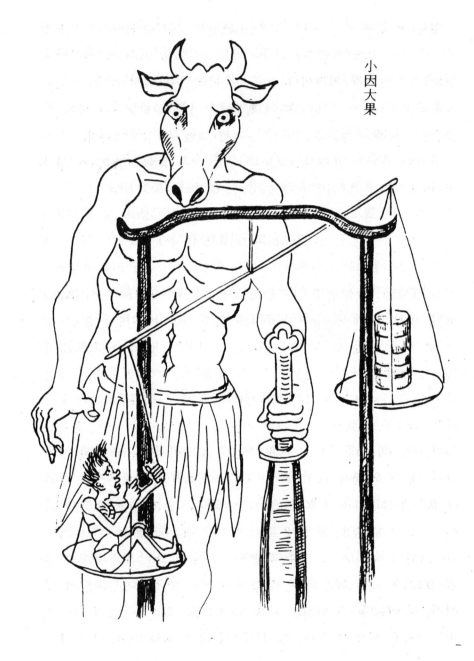

小因大果

에 숨겨둔다는 것은 매우 괘심하다. 그 죄업(罪業)을 측정(測定)하는 저울이 있으니 옥귀(獄鬼)들은 당장(當場) 저울로서 그 죄업(罪業)을 측정(測定)해 보라」라고 분부(吩咐)하면 즉시(卽時) 옥귀(獄鬼)들은 망령(亡靈)을 붙잡아서 업평(業枰)이라는 저울에 얹어서 측정(測定)코져 한다.

17. 죄업(罪業)의 계량(計量)

이 업평(業枰)의 한쪽에 얹은 저울돌은 높이가 300 자가 되는 대반석(大磐石)입니다. 그것을 기준(基準)으로 하여 겨우 5자(尺)의 몸신을 가진 저울에 얹으면 대반석(大磐石)으로된 저울돌이 가볍게 떠올라서 업망(業網)에 앉은 망령(亡靈)의 몸체는 급(急)히 땅에 대이게 된다. 이때 우두마면(牛頭馬面)의 옥귀(獄鬼)들은 「어떻게 나타난 것이냐」하고서 욕설(辱說)하므로 망령(亡靈)은 할말이 없고 모두가 떨면서 앉아있으니 옥귀(獄鬼)는 무겁게 처져있는 망령(亡靈)을 저울에서 끄집어 내고서 대왕(大王)은 곧 엄숙(嚴肅)하게 선언(宣言)하기를 「너희가 불천(佛天)을 두려워 하지 않고 이러한 악업(惡業)을 저지르면서 명계(冥界)의 헌법(憲法)을 무시하고 그 판결(判決)까지 조롱하는 태도(態度)가 죄과(罪果)로서 더욱 무거운 것이다. 옥귀(獄鬼)들아, 망령(亡靈)을 매우쳐라」하시니, 옥귀(獄鬼)들이 사방(四方)으로부터 철봉(鐵棒)을 들고 치니, 몸체가 난도질 되고, 숨길이 끊어지면서 업보(業報)가 되므로 곧 소생(蘇生)되어 가면서도 다시 숨결이 막히는 등으로 이러한 고통(苦痛)을 반복(反復)하다가 잠시 옥귀

(獄鬼)가 멈추는 순간(瞬間)에 대왕(大王)은 조용히 말씀하시기를

「너 이놈, 망령(亡靈)들 똑똑히 들어라. 너희들 사바(娑婆)에 남겨둔 처자식(妻子息)들이 만약에 지성(至誠)으로 추선공양(追善供養)을 했다면 이미 이때까지의 각왕청(各王廳)에서 선처(善處)로 생환(生還)의 길로 처분(處分)되었을 것인데, 그렇게 되지 않고 너희 운명(韻命)이후의 유족(遺族)들은 자신(自身)들의 영화(榮華)에 도취(陶醉)되고 너희 일을 모두 잊어버리고 말은 것이므로 이때까지 고생(苦生)하면서 여기까지 온 것이다. 그러므로 불타(佛陀) 말씀에 「처자(妻子)는 후생(後生)의 원수이다」라고 하신 것이 바로 이러한 것을 말씀하신 것이다.

지금(至今)에 와서 너희 고생(苦生)함을 처자식(妻子息)이 돌봐 주었느냐. 그래서 한(恨)많은 자신(自身)을 원망(怨望)하지는 않고 도리여 명관(冥官)을 원망(怨望)한다는 것은 매우 어리석은 일이로다. 그러나 약간(若干)이라도 불연(佛緣)이 있었으므로 바로 지옥(地獄)으로 떨어지지 않고 여기까지 온 것이다. 빨리 다음 왕청(王廳)으로 보내라」라고 엄명(嚴命)을 내리니 옥귀(獄鬼)가 쫓아낸다.

18. 염마왕청(閻魔王廳)

57 일째는 염마대왕(閻魔大王)이 있는 염마왕청(閻魔王廳)에 송치(送致)됩니다. 염마대왕(閻魔大王) 본신(本身)은 지장보살(地藏菩薩)이시나, 죄인구제(罪人救濟)의 자비심(慈悲心)으로서

잠시 염마대왕(閻魔大王) 모습으로 변신(變身)하여 항상(恒常)
18명의 장관(將官)과 8만의 옥귀졸(獄鬼卒)을 거느리고 지옥(地
獄)에 떨어지는 망령(亡靈)의 죄(罪)를 심판(審判)하고 이것을
징벌(懲罰)하여서 다시는 죄업(罪業)을 범(犯)치 않도록 저지시
키므로 염마왕(閻魔王)의 별명(別名)을 차지(遮止) 또는 식정왕
(息諍王)이라고도 합니다. 식정왕(息諍王)이라 함은 투쟁(鬪爭)
을 정지(停止)시킨다는 의미(意味)인데, 망령(亡靈)이 염마왕(閻
魔王)앞까지 올때까지의 그 심판(審判)은 반드시 있는 사실(事
實)이므로 재론(再論)할 필요조차 없읍니다.

이 염마궁(閻魔宮)은 인간세계(人間世界)에서 지하(地下)로 500
리 아래 있으며, 그 성곽(城廓)은 일곱겹으로 둘러싸여 있고, 내
부의 대성(大城)의 사면(四面)은 철책(鐵柵)으로서 둘러싸여 있
읍니다. 또한 성(城)의 사방(四方)에는 각각(各各) 철문(鐵門)이
개폐(開閉)되고 있으며 문(門)의 좌우(左右)에는 망령(亡靈)의
신상서류(身上書類)를 가진 옥귀졸(獄鬼卒)이 기다리면서 망령
선악(亡靈善惡)의 죄업(罪業)을 전부기재(全部記載)하여서 대왕
(大王)에게 바칩니다.

또한 별도(別途)로 광명원(光明院)이라 하는 별원(別院)이 있
읍니다. 이 원내(院內)에는 구면(九面)의 명경(明鏡)이 있으며,
팔방(八方)에 각일면(各一面)마다 걸려 있읍니다. 중앙(中央)의
명경(明鏡)을 정파리경(淨玻璃鏡)이라 하여 망령(亡靈)의 선악
(善惡)의 행업(行業)이 빠짐없이 영영(映影)이 되도록 되어 있읍
니다.

이 염마대왕(閻魔大王)의 용모(容貌)는 맹악분노(猛惡憤怒)의

형상(形相)을 하고 있읍니다. 우선 그 눈이 크고 날카롭기가 햇빛과 같고 그 안색(顏色)은 붉은 불빛과 같고 그 분노(憤怒)의 음성(音聲)은 천지(天地)의 모든 우뢰(雨雷)가 일시(一時)에 떨어지는것 처럼 무서운 것입니다. 망령(亡靈)은 ~~환원~~ 이 염마대왕(閻魔大王)을 우러러 보는 순간 혼비백산(魂飛百散) 되어서 정신이 없어집니다.

대왕(大王)은 엄숙(嚴肅)하게 망령(亡靈)을 눈아래 노려보고 말씀하시기를 「여봐라. 망령(亡靈)놈들 듣거라. 너희가 여기에 오기를 옛날부터 오늘날까지 몇 百번 되었을지 알 수가 없으며, 다행(多幸)하게도 사바(娑婆)에 회생(廻生)될때는 반드시 불도수행(佛道修行)을 힘쓰고 재차(再次)로 여기에 오지말라고 여러번 당부했음에도 불구(不句)하고 또다시 여기로 온다는 것은 죄업(罪業)의 두려운 마음이 없었던 것이 아니냐. 이미 어려운 인간환생(人間還生)이 이루어지고 사바생활이 영위되고 다행(多幸)하게도 불법유포(不法流布)의 국토(國土)에 있으면서도 그 불법수행을 외면하고 마음 내키는 대로 죄업(罪業)을 범(犯)하고 또다시 이러한 곳으로 흘러온다는 것은 지극(至極)히 어리석기도 하다. 참다운 보물산(寶物山)에 들어갔다가 맨손으로 돌아온다는 것은 너희를 두고 하는 말이다.

자세(仔細)하게 너희 죄업(罪業)을 돌이켜 보니 사바재세시(娑婆在世時)에는 방일무참(放逸無斬)하고 무자비(無慈悲)했으며 탐욕(貪慾)이 심(甚)하여 쌓아올린 재보(財寶)가 태산(泰山) 같았으나, 과연 그것이 명도(冥途)의 재산(財産)이 되었을까? 가만 있자. 그래 너희가 평소(平素)에 사랑하던 처, 첩, 자식(妻,

閻魔王廳審判

妾, 子息)등이 오늘날의 너희 고통(苦痛)에 대한 도움이 되었는가」라고 하며, 지독하게 말머리를 돌려서 창피를 주게 되니, 사리(事理)에 어긋남이 없는 대왕(大王)의 말에 망령(亡靈)은 일언반구(一言半句) 변명(辯明)할 수가 없었다. 그저 눈물만 흘릴 따름입니다.

19. 대왕(大王)의 선고(宣告)

염마대왕(閻魔大王)은 울고 있는 망령(亡靈)을 바라보면서 말씀하시기를 「이놈, 망령(亡靈) 잘 듣거라. 너희 일평생(一平生)동안의 죄업(罪業)은 구생신(俱生神)의 손으로 이 기록대장(記錄台帳)에 기재(記載)되어 있는 것이다. 지금 너희들에게 읽어 들려주겠다.」라고 하시면서 대왕(大王) 자신이 낭독(朗讀)하시니 태산(泰山)이 무너진 듯하며 망령(亡靈)들은 그저 땅에 머리만 조아리고 있을 뿐이였읍니다.

대왕(大王)은 망령(亡靈)들의 죄업기록(罪業記錄)을 읽고나신 다음에 「어떠냐, 너희가 사바(娑婆)에서 지내던 행동(行動)에 대하여 거짓은 없었지. 이와같은 죄업(罪業)만 쌓아올리고 참회(懺悔)의 마음씨도 없이 지금와서 후회(後悔)하고 울부짖어도 아무 소용이 없다는 것이다. 빨리 지옥(地獄)으로 끌어 넣어야 한다.」라고 선고(宣告)하시니 이 말을 들은 망령(亡靈)은 지금와서는 할 수 없다고 단념(斷念) 하면서 잠시 울음을 멈추며 말씀드리기를,

「대왕(大王)님이시여. 지금 선고낭독(宣告朗讀)하신 중에서 너

무나 자세(仔細)한 일도 있어서 일일히 기억(記憶)할 수 없읍니
다. 혹(或), 구생신(俱生神)께서 잘못 기재(記載)한 것이 아닙니
까 또한 있다 하더라도 적은 점(點)은 아무쪼록 자비(慈悲)로서
용서(容恕)하여 주시기 바랍니다.」라고 하면서 떨리는 목소리로
애원(哀願)하니, 대왕(大王)은 열화(烈火)와 같이 화를 내면서,

「너 이놈, 망령(亡靈)놈은 잘 들어라. 너희가 사바(娑婆)에 있
을 당시야말로 다만 눈앞의 욕정(欲情)에만 사로잡혀서 명관(冥
官)의 지견(知見)을 의심(疑心)하여 부끄럼도 없이 망언욕설(妄
言辱說)도 마음대로 해와서 그 사바(娑婆)의 버릇이 아직도 남
아 정직단죄(正直斷罪)의 염마왕청(閻魔王廳)까지 와서도 명계
(冥界)의 헌법을 멸시(蔑視)하여 이미 죄업(罪業)이 엄연(嚴然)
하게 들어나서 재론필요(再論必要)도 없는 지금에 와서 변명(辯
明)코져 하는 그 태도는 점점 무거운 죄업(罪業)으로 떨어지는
길잡이가 되는 것이다. 내가 지금 결코 너희가 미워서 너희를 가
책(苛責)하는 것이 아니며 또한 한가지 죄(罪)라도 내가 지금 추
가하는 것이 아니다. 모두가 너희의 자업자득(自業自得)의 보답
이라는 것임을 알고서 자신이 회개(悔改)해야 한다.」

라고 말씀하시면서 옥귀(獄鬼)를 불러서 「야, 옥귀(獄鬼)들아
이 죄수(罪囚)는 구생신(俱生神)의 기록까지 의심(疑心)하고 있
으니 괘씸하다. 빨리 정파리경(淨玻璃鏡)에 영상(映像)시켜서 이
놈의 의심(疑心)을 없애도록 하여라」라고 말씀하시면서 대왕(大
王)은 또다시 망령(亡靈)을 바라보고서

「잠깐, 기다려! 망령(亡靈)놈아, 한마디 더 들어라, 그 구생신
(俱生神)이라고 하는 분은 너와는 같은 날 같은 시각에 태생(胎

生)하여 너희에게 그림자와 같이 따라 다니면서 잠시라도 너의
몸에서 떠나지 않고서 행동전부(行動全部)를 일일히 이 기록장
(記錄帳)에 써 넣어둔 것이므로 약간(若干)이라도 누락되거나
틀릴수도 없는 것이다. 그것을 알지 못하고 닭을 봉(鳳)이라고
하는 식(式)의 억지를 말함에 있어서 지금 정파리경(淨玻璃리鏡)
에 영상(映像)시켜서 그 증거(證據)를 확인(確認)시켜 너의 망언
(妄言)을 뿌리 뽑아야 하겠다」라고 말씀하고 나니, 옥귀(獄鬼)
는 곧 칙명(勅名)을 받들고 즉시 망령(亡靈)의 두손을 붙잡고서
광명원(光明院)으로 들어갑니다.

20. 광명원(光明院)의 고통

이렇게 하여 궁전철문(宮殿鐵門)을 열고서, 광명원내(光明院內)
중앙(中央)의 구면명경(九面明鏡)앞으로 망령(亡靈)을 끌고 가
보면 매우 신기(神奇)하게도 그 명경(明鏡)에는 망령(亡靈)의 사
바(娑婆) 재생시(在生時)에 평생(平生)으로 범법(犯法)한 죄업
(罪業)이 남김없이 모두 영상(映像)될 뿐만 아니라, 아무도 모르
고 부인에게도 숨겨둔 여러가지의 죄업(罪業)이 모조리 명경(明
鏡)에 영상(映像)되니 망령(亡靈)은 깜짝 놀라서 얼굴을 가리면
서 고개를 숙인다. 이러할 때, 구생신(俱生神)을 비롯하여 여러
옥귀(獄鬼)들은 「그것봐라. 망령(亡靈)놈아, 이렇게 보여주어도
구생신(俱生神)의 과실(過實)인가? 명관삼보(冥官三寶)에 있어
서는 너희의 일거일동을 명백(明白)하게 살피고 있는 것이다. 그
런데 너의 어리석은 생각으로 숨길수 있었다고 생각한 것은 너

의 과실(過失)이며, 바야흐로 숨길수 없는 사실(事實)들이 남아
있어서 죄업(罪業)을 치루어야 하므로 빨리 지옥(地獄)으로 끌
어넣어라」라고 욕설(辱說)을 하면서 벌써 철봉(鐵棒)을 휘둘고,
망령(亡靈)에 덤벼드니, 망령(亡靈)은 너무나 슬퍼서 혈몽(血淚)
을 흘리면서 기절(氣絶)하므로 옥귀(獄鬼)는 밉살스리 머리채를
잡고서 「자아 다시 보라」하면서 명경(明鏡)앞에 들이대며
책망할 뿐 아니라 철봉으로 치니 망령은 소리지르면서 울부
짖었으니 나중에는 소리조차도 나오지 않고 기진맥진(氣盡脈盡)
되었으나, 업보(業報)가 끊기지않는 슬픔으로 기활(氣活)을 넣으
면 또다시 소생(蘇生)되기를 반복(反復)해 가면서 고통이 반복
(反復)됩니다.

21. 망령(亡靈)의 참회(懺悔)

그래서 망령(亡靈)은 마음속으로 느끼기를 "시초(始初)부터
각왕청(各王廳)에는 약간의 오기(誤記)도 없고 구생신(俱生神)
의 입증(立證)이 과연 진정(過然眞正)하다고 생각되었읍니다. 이
렇다고 진작 알았으면 죄(罪)를 범(犯)하지 않았을 것이라고 하
고 몽환(夢幻)과 같은 초로인생(草露人生)에 있어서 자신(自身)
에게 만겁(萬劫)의 고통(苦痛)을 받아야 함을 지금(只今)에 와서
후회(後悔)한들 어찌할 도리(道理)가 없구나"하면서 끊임없는
눈물이 폭포(爆布)와 같이 쏟아져 나왔읍니다. 다만 앞으로의 소
원(所願)으로서는

"불쌍하게 사바(娑婆)에 남겨둔 처자권족(妻子眷族)이 나의

보시(菩提)를 장사(葬事)지내서 지금(只今)의 고통(苦痛)에서 구
조(救助)해주기 바랍니다."
라고 소망(所望)하는 이외(以外)는 여념(餘念)이 없읍니다. 참으
로 망령(亡靈)의 심정(心情)은 보이지 않으나 조용하게 동정(同
情)이 갈때는 신심(身心)이 모두 단념(斷念)되는 고통(苦痛)입
니다.

22. 부심(浮沈)의 순간(瞬間)

참으로 저 세상(世上)에 앞서 가신 부모(父母)님은 말할것도
없거니와 그 이외(以外) 조석(朝夕)으로 만나고 지내던 친구(親
舊), 언제나 정(情)답던 주인(主人) 또는 노비(奴婢)들 중에서도
앞서 운명(殞命)한 사람들이 많았을 것이라고 봅니다 마는 그러
한 사람중에서도 지금시각(只今時刻)에 아직도 삼도(三途)의 강
(江)에서 중고(重苦)로 고생(苦生)하는 사람이 얼마나 있는지 알
수가 없읍니다. 그러한 사람들의 중고(重苦)를 동정(同情)하지
않고 보시장사(菩提葬事)를 지내지 않는다는 것은 단지(單只)
몰인정(沒人情)할뿐 아니라 드디어는 또한 자신의 신상(身上)에
도 반드시 돌아오는 운명(運命)이므로 정의(情義)는 타인(他人)
만 위함이 아니고 오늘날 추선공양(追善供養)은 드디어 자신(自
身)의 보시장사를(菩提葬事)지내는 근원(根源)이 되는 것입니다.
그러나 생전(生前)에 사바재세중(娑婆在世中)에는 제법 두텁게
교정(交情)을 계속(繼續)하다가 일단운명(一旦殞命)하고 황천객
(黃泉客)이 되어버리면 잊어버려지고 또한 장사참여(葬事參與)

도 없었다 하는 일은 결코 올바른 정도(正道)라고 할 수 없읍니다. 두고두고서 망령(亡靈)의 보시장사(菩提葬事)를 지내주어야 됩니다.

이렇게 추선공양(追善供養)하는 공덕(功德)은 드디어 자신(自身)에게로 돌아온다는 도리(道理)이며 망령(妄靈)에의 추선(追善)도 결국(結局)은 자신(自身)을 위하는 것입니다.

이렇게하여 명계(冥界)에 여행하는 망령(亡靈)의 부심(浮心)은 오직 추선유무여하(追善有無如何)에 따른 것이므로 신심(信心)을 소중(所重)하게 하여 육친(六親)의 회향(廻向)에 힘써야 됩니다. 더군다나 염마대왕(閻魔大王)앞의 대고뇌(大苦惱)는 전후유래(前後由來)가 없이 매우 중요(重要)한 순간(瞬間)이므로 35일째의 추선(追善)은 매우 중요(重要)한 것입니다.

23. 적선(積善)의 다소(多少)

그래서 만약 이 35일째의 유족(遺族)이 추선(追善)을 여행(勵行)하면 그 모양이 확실(確實)하게 정파리경(淨玻璃鏡)에 영상(映像)되므로 염마대왕(閻魔大王)을 비롯하여 같이 있는 명관(冥官)들도 매우 만족(滿足)하게 생각되어 망령(亡靈)도 그 죄업(罪格)을 용서(容恕) 받아서 좋은곳에 전생(轉生)되는 것이니 기쁨이 그 이상(以上)없는 것입니다.

그래서 망령(亡靈)은 유족(遺族)이 바쳐주는 적선(積善)의 다소(多少)등에 의하여 혹은 즉시(即時) 성불(成佛)되기도 하고 혹은 천상(天上), 인계(人界)로 태생(胎生)키도 하고 그런데 여기

적선의 다소

에서도 단죄부정(斷罪不定)일 경우에는 또다시 다음 왕청으로
송치(送致)됩니다.

24. 쇠덩어리의 강바닥

67 일째 변성왕(變成王)이 있는 왕청(王廳)으로 송치(送致)됩
니다. 이 왕(王)의 본신(本身)은 미륵보살(彌勒菩薩)입니다. 이
왕청(王廳)으로 가는 도중(途中)에는 쇠덩어리의 강바닥이라는
험난(險難)한 곳이 있읍니다. 그것은 8백리로 멀리 뻗쳐져 있는
넓은 강바닥으로서 크고 둥근 쇠덩어리가 큰바위 모양으로 꽉차
있읍니다. 그 쇠덩어리가 서로서로 굴러다니면서 맞부딪치는 소
리가 우뢰(雨雷)같으며 쇠덩어리마다 부딪칠때는 번갯불과 같은
선광이 번쩍입니다.

한번 보기만 하여도 도저(倒底)히 이 강(江)바닥을 건너가기
가 무섭습니다. 망령(亡靈)은 어떻게 하든지 들어가지 않으려고
떨면서 도망(逃亡)가니, 옥귀(獄鬼)가 뒤에서 철봉(鐵棒)으로 내
리치니 할 수 없이 망령(亡靈)은 강(江)바닥으로 달리니 쇠덩어
리에 미끄러지고, 오체(五體)가 부딪치어 즉사(卽死)하다가 곧
살아나고 또 부딪치어 즉사(卽死)하는 등으로 반복(反復)되는
고통(苦痛)을 7주야(晝夜)로 계속하다가 비로소 변성왕(變成王)
앞으로 나갑니다.

25. 망령(亡靈)의 애원(哀願)

바야흐로 왕청(王廳)에 끌려온 망령(亡靈)은 지금까지 심판

쇳덩어리의 강바닥

(審判)당한 경험(經驗)에 의하여 어쨌던 왕(王)의 동정(同情)을 얻어서 명로(冥路)의 고통(苦痛)을 약간(若干)이라도 면(免)해 보고져 생각하여 여러가지로 자신(自身)이 억울하다는 변명(辯明)만 늘어놓은 다음에 울면서 호소(呼訴)하기를

「대왕(大王)님이시여, 저희들이 약간(若干)의 죄업(罪業)이 있다 하더라도 이미 지금까지 처벌(處罰)당하여온 대고뇌(大苦惱)로서 어떠한 죄업(罪業)이라도 보답(報答)되었으리라고 생각됩니다. 그러나 아직도 죄업(罪業)이 남는다 하여도 변명할 생각은 절대(絕對)로 없사오니 지금 와서는 오직 대왕(大王)님의 자비(慈悲)로써 용서(容恕)를 비오며 다시한번 아무쪼록 사바(娑婆)로 되돌려 주시오면 반드시 회개(悔改)하여 지성(至誠)껏 선근공덕(善根功德)을 목숨걸고 쌓아 올려 보겠읍니다. 만약(萬若) 이러한 말이 거짓일 경우에는 그때야말로 어떠한 중벌(重罰)을 받아도 원망(怨望)드리지 않겠읍니다.」라고 하면서 그림자와 같은 두손을 합장(合掌)하여 주먹만큼 큰 혈몽(血淚)을 흘려가면서 사정사정 합니다.

26. 선(善)악(惡)중(中)의 삼도(三道)

변성왕(變成王)은 자세(仔細)하게 망령(亡靈)의 애원(哀願)을 들으시다가 말씀하시기를 「너희가 지금 여기서 회개(悔改)하여 미래(未來)에는 반드시 선근공덕(善根功德)을 쌓고져 하므로서 용서(容恕)를 비는데 그도 일리(一理)가 있으나 그것은 그때에 이르러서 보는 사정(事情)이다. 지금은 너희가 과거(過去)에 있

어서 저질러온 선악(善惡)의 업(業)을 고찰(考察)해서 심판(審判)하는 것이므로 이미 범(犯)한 죄업(罪業)이 있었다면 용서(容恕)해 주고져 해도 면(免)할 길이 없다. 「이번만은」이라고 하는 소리는 누구나 모두가 말하는 것이나, 결국(結局)은 명관(冥官)의 처벌(處罰)이 아니고 너희 자신(自身)이 범(犯)한 죄업(罪業)에 대한 보답이므로 용서(容恕)하여 줄 수 없다.

너희 죄업(罪業)이 아직도 남아있어서 앞으로 얼마나 되는지 지금 다시 심판(審判)하여 보자. 야, 옥졸들아 이 망령(亡靈)놈들 죄(罪)의 유무(有無)를 조사하여 봐라」라고 분부(吩咐)하시면 옥귀(獄鬼)들은 명령(命令)에 따라서 죄수(罪囚)를 끌고 갑니다. 앞을 바라보니 길이 3갈래로 나누어져 있읍니다. 대왕(大王)은 잠시 죄수(罪囚)를 정지(停止)시키고서

「여봐라, 망령(亡靈)들아, 너희를 위하여 일러준다. 앞에 보이는 3줄의 길은 선(善) 악(惡) 중(中)의 삼도(三道)이다. 너희들이 과연 착한 사람이라면 자연히 나쁜길로 갈 이유(理由)가 없다. 마음을 가다듬고 빠르게 걸어가보라」라고 하는 칙명(勅命)을 내립니다. 그러자 곧 옥귀(獄鬼)들이 죄수(罪囚)를 끄집어내어서 3줄의 길 교차로에 밀쳐내어 「빨리 마음이 내키는 대로 길을 선택하여 가라」 하고서 재촉을 한다.

27. 일기(一期)의 부심(浮沈)

망령(亡靈)은 여기가 일기(一期)의 부심(浮沈)으로 생각해서 어떻게 하든지 잘 맞추어 나가고져 어느것이 선도(善道)일까 하

고 망서리고 있으니, 옥귀(獄鬼)들은 「빨리 빨리 가라」하고 철봉 (鐵棒)으로서 밀어 닥치므로 망령(亡靈)은 너무나도 슬퍼서 이 제는 끝장이다. 하면서 눈을 감고 발가는 대로 걸어가니, 과연 (果然) 업과(業果)의 슬픔은 보기좋게 악도(惡道)위로 걸어갑니 다. 혹은 선도(善道)일까 생각된 곳에 악도(惡道)의 표식(標識) 이 나타나더니 별안간에 동(銅)쇠가 솟구쳐 나와서 죄수(罪囚) 의 몸체를 태워 버립니다. 그때 대왕(大王)은 「그러니까 너희가 만약에 선인(善人)이라면, 어째서 이 악도(惡道)로 달렸을 것이 냐. 그런데도 명관(冥官)을 의심(疑心)하여 가왈부왈(可曰, 否曰) 하고서 죄(罪)가 없다고 거짓말하는 행위(行爲)는 기괴천만(奇 怪千萬)이며 괘씸한 것이다」라고 노기(怒氣) 띄운말로서 꾸짖 으면 망령(亡靈)도 이제는 말문이 막혀서 다만 단념(斷念)하고 서 눈을 감고 처벌(處罰)만 기다리게 됩니다.

만약 이때, 사바(娑婆)에 남겨둔 효자(孝子)가 선근적선(善根 積善)하고 부모(父母)의 보시장사(菩提葬事)를 지낸다면 공덕 (功德)이 즉시 나타나게 되므로 대왕(大王)은 「이 망령(亡靈)은 사바(娑婆)에서의 추선(追善)이 온다. 즉시 사면(赦免)하여라」라 고 하명(下命)하시므로 즉시, 포승(捕繩)을 풀고서 선처전생(善 處轉生)의 길을 정(定)하여 줍니다. 그렇게 되면 망령(亡靈)은 너무나 기뻐서 이 소식(消息)을 되도록 빨리 사바(娑婆)의 처자 식(妻子息)에 알리고져 감격(感激)의 환희(歡喜)에 춤을 춘다. 그런데 사바(娑婆)에 남은 처, 자식(妻, 子息)이 여전(如前)하게 악업(惡業)만 되풀이 하고 추선(追善)이 없으면 명도(冥途)의 부 모(父母)는 점점 고생(苦生)을 심(甚)하게 당할 것이고 지옥(地

獄)으로 떨어집니다. 그러므로 망령(亡靈)을 정중하게 장사(葬事)
지내고 추선공양(追善供養)을 지내주어야 합니다.

28. 상품(上品)의 공덕(功德)

모든 사람의 그 신체발부(身體髮膚), 이것은 부모(父母)로부터
받은것이며 또한 깊은 무육자애(無育慈愛)속에서 비로소 사람이
되는 것인데 부모(父母)의 보시장사(菩提葬事)도 지내지않고 드
디어는 여러가지 악업(惡業)만 조성(造成)하여 망령(亡靈)의 고
통(苦痛)만 가중(加重)시킨다는 것은 생각할수록 경솔(輕率)한
일이며 불효(不孝)의 업보(業報)는 드디어는 자신(自身)에게 닥
치며 피(避)할 수 없는 것입니다. 그 옛날 중국에서 숙웅(叔雄)
이란 사람이 있었읍니다. 그는 지성(至誠)을 다하여 효양(孝養)
을 하였읍니다. 맹종(孟宗)은 눈속에서 죽순(竹筍)을 캐고, 왕상
(王祥)은 얼음속에서 고기를 낚았읍니다. 그 효심(孝心)은 실로
지성감천(至誠感天)인 것입니다. 그렇게까지 않더라도 효도(孝道)
를 앞세우고 추선려행(追善勵行)하여야 합니다. 하물며 범천(梵
天), 제석(帝釋), 사천왕(四天王)은 효도가문(孝道家門)에 기거
(寄居)하신다고 여래(如來)님이 말씀하셨읍니다. 제천선신(諸天
善神)은 효자가문(孝子家門)을 옹호(擁護)하여 주심은 의심(疑
心)할 여지(餘地)가 없읍니다. 다만 효도(孝道)에는 두가지 있읍
니다. 의식(衣食)을 포시(布施)함을 하품(下品)으로 하고, 부모
(父母)에게 순종(順從)함을 중품(中品)으로 하고 공덕회향(功德
廻向)을 상품(上品)으로 합니다. 재세시(在世時) 부모에게 효도

56

(孝道)하는 일마저도 공덕(功德)의 상품(上品)이 되므로 항차(況且) 망친(亡親)에 대한 추선회향(追善廻向)은 말할 나위도 없읍니다. 숙웅자신(叔雄自身)이 몸을 던진다 하여도 생사출리(生死出離)의 소식이 안됩니다. 다만 선근추선(善根追善)을 다하여 부모의 해탈(解脫)을 빌어야 합니다. 만약 아직도 생처(生處)가 정해지지 않으면 七七왕(王)앞으로 끌려갑니다.

29. 五백리의 암흑계(暗黑界)

77일째는 태산왕청(泰山王廳)에 가게 됩니다. 태산왕(泰山王)의 본신(本身)은 약사여래(藥師如來)입니다. 이 왕청(王廳)으로 오는 도중(途中)에 암철소(暗鐵所)라고 하는 고약한 곳이 있읍니다. 여기는 거리(距離)가 500리(里)가 되도록 계속(繼續)해서 어두운 곳이며, 그 어두운 길 양쪽에는 쇠덩어리 바위가 톱니빨 같이 난립(亂立)이 되어있고 길이 좁기가 겨우 몸체가 빠져나갈 정도(程度)입니다. 망령(亡靈)은 몸을 굽혀서 겨우 빠져나가고져 하나 쇠덩어리 바위끝이 솟아나와서 약간이라도 몸체가 부딪치면 몸체가 찢어져서 유혈(流血)이 심(甚)하고 고통(苦痛)도 심(甚)하여 혹독(酷毒)합니다. 중간(中間)쯤 걸어오면 별안간 앞쪽의 쇠덩어리 바위가 부딪혀서 한발자욱도 나아갈수가 없읍니다. 할 수 없이 걸음을 멈추고 있으면 겨우 빠져 나갈 정도(程度)의 길이 트입니다. 이러한 고통(苦痛)을 반복(反復)하기를 7주야(晝夜)후에 겨우 태산왕(泰山王) 앞으로 나가게 됩니다.

30. 만나기 어려운 불법(佛法)

　망령(亡靈)은 또한 어떠한 일을 당할지 벌벌 떨면서 어전(御前)에 엎드리고 있으니 대왕(大王)은 물끄러미 망령(亡靈)을 바라보면서 말씀하시기를 「그런데 너희들은 죽은 후의 후생(後生)을 남의 일과 같이 생각하여 자신이 당하는 일이라고는 모르고 있는데, 사람이 태생(胎生)함이 눈먼 거북이가 물위에 떠서 다니는 나무토막을 만나는 것과 같은 것이라고 부처님이 말씀한바가 있었다. 갠지스 강(江) 모래속에서 황금을 찾아 내기보다도 어려운 착한 인연의 도움으로 귀중(貴重)한 인간(人間)으로 태생(胎生)하는 것이다. 더구나 구하기가 매우 힘든 불법(佛法)을 만났음에도 불구(不句)하고, 불도수도(佛道修道) 하지 않고 몽환(夢幻)과 같은 현세물질(現世物質)에 애착(愛着)을 가지고서 평생을 허송(虛送)하였으므로 지금에 와서 이와같은 고생(苦生)을 보게 되니, 허무(虛無)하기 끝이 없구나. 그런데 너희는 불법(佛法)과의 결연(結緣)이 있느냐 없느냐 또는 설법(說法)을 들었다던가 불법도서(佛法圖書)를 가까이 봤는지 안봤는지 숨기지 말고 고(告)하여라」라는 하명(下命)이 있었읍니다. 망령(亡靈)은 떨면서 애원(哀願)하기를 『분부(吩咐)하신대로 사바(娑婆)에 있어을때는 다만 욕심(慾心)많은 생활(生活)로서 저의 일신(一身)만 편안(便安)하고 행복(幸福)하도록 생활(生活)하여 왔으므로 불도수행(佛道修行)도 하지않고 설교(設教)듣기도 등한시(等閑視)하여 저희 근처(近處)에 포교(布教)가 있어도 세무(世務)에 쫓겨서 들여다 보지 않고, 또한 불교서적(佛教書籍)도 가끔 권유

(勸誘)받았으나 보기싫어서 한번도 펴본 일이 없읍니다.』
라고 정직(正直)하게 고(告)하니, 대왕(大王)님이 덧붙여 말씀하
시기를 『너희들 보듯이 이 마당에는 천죽(天竺), 진단(震旦), 일
본(日本)등 무량국(無量國)등 여러나라에서의 망령(亡靈)도 모
여들고 또한 십방무변(十方無邊)의 명계(冥界)는 중관(衆官)도
모여드는 장소이다.

너희들이 부끄러움을 안다면 지금 이 마당에 온것만도 부끄러
운 일이며, 불법청문독서(佛法廳聞讀書)를 외면하고서 지금 그
모양으로 이 마당에 나타나서 옥귀(獄鬼)들에게 잡혀 창피를 당
하니 부끄럽지도 않느냐』라고 말씀하시기에 망령(亡靈)들은 마
음속까지 부끄러움에 고개를 숙였읍니다.

31. 육도(六道)로 가는 대문(大門)

그래서 대왕(大王)의 어전(御前)에서 망령(亡靈)은 각자(各自)
의 거처(居處)가 정해진다. 그러므로 태산왕(泰山王)의 어전(御
前)에는 6개의 대문(大門)이 있읍니다. 그것은 지옥(地獄), 아귀
(餓鬼), 축생(畜生), 수라(修羅), 인간(人間), 육도(六道)로 가는
입구문(入口門)입니다.

망령(亡靈)은 대왕(大王)이 지정(指定)한 거처(居處)에 따라서
한번 이 대문(大門)에 들어서면 지옥(地獄)으로 떨어지는 자(者)
는 지옥(地獄)으로, 아귀도(餓鬼道)에 들어서는 자(者)는 아귀도
(餓鬼道)로 가게 되고 기타(其他) 각자 거처별(各自居處別)로 가
게 됩니다. 즉(卽) 7.7이 49일째는 전체망령(全體亡靈)의 부심(浮

沈)이 정(定)하여지는 단죄(斷罪)의 순간(瞬間)이므로 만약 사바유족(娑婆遺族)에 있어서 추선공양(追善供養)이 지극지성(至極至誠)할때는 망령(亡靈)이 당하는 악과(惡果)는 변하여 선처전생(善處轉生)되므로 49제(齊)는 가장 중요한 것입니다. 만약 여기까지 거처미정(居處未定)일 시(時)에는 평등왕청(平等王廳)에 송치(送致)됩니다.

32. 철빙산(鐵氷山)의 험악(險惡)

百일째는 평등왕청(平等王廳)에 도착(到着)합니다. 평등왕(平等王)의 본신은 관세음보살(觀世音菩薩)입니다. 이 왕청(王廳)으로 오는 도중(途中)에는 철빙산(鐵氷山)이라는 강(江)이 있읍니다. 강폭(江幅)이 5백리가 되고 항상 철면(鐵面)과 같이 날카로운 얼음이 얼고 있읍니다. 망령이 이 강(江)을 건너고자 할때 들어가기전부터 극한(極寒)에 오체(五體)가 마비(痳痺)될 듯하며 얼음에 접촉(接觸)되기도 전에 살결이 찢어지고 피가 솟구쳐 나옵니다. 또한 강풍(强風)이 불어서 얼음에 부닥치는 소리가 뇌성(雷聲)과 같습니다. 망령(亡靈)은 얼음에 빠지는 것을 슬프게 생각하고 망서리게 되면 옥귀(獄鬼)가 뒤에서 화를 내면서 『여봐라. 망령(亡靈)놈들아, 스스로가 악업(惡業)을 쌓아서 명도(冥途)로 가는데 이 정도(程度)의 고통(苦痛)은 아직도 얌전한 편(便)이다. 그리고 마음대로 악업(惡業)을 저지르고서 지금 여기로 헤매여 오면서 무엇을 새삼스레 탄식(嘆息)하는 것이냐. 하여간(何如間) 빨리 건너가라』하면서 후치니 망령(亡靈)은 소리지르고 울면서 풍덩 얼음속으로 뛰어든다. 그 얼음 두께가 4백리나 되는데, 망령(亡靈)이 뛰어들면서 얼음이 깨어지고서 들어간뒤에는 얼음은 원래(元來)모양으로 결빙(結氷)됩니다. 망령(亡靈)은 차갑고 쬐이는 결빙상태(結氷狀態)에서 몸이 찢어져 나갈듯 합니다. 이러한 큰 고생을 당한지 百일만에 평등왕(平等王) 어전(御前)에 나아갑니다.

33. 대왕(大王)의 훈계(訓戒)

평등왕(平等王)이 훈계(訓戒)하기를, 『너희들이 여기로 온 것은 결코 다른 사람이 밀어넣은 것이 아니고, 너희 자신의 마음으로서 오는 것이다. 그러므로 너희가 그 옛날 사바(娑婆) 재세시(在世時)에 풍전등화, 수상포(風前燈火, 水上泡)와 같은 신세(身世)를 모르고 눈앞이 무상(無常)함도 다만 타인지사(他人之事)로 보고 노소부정(老少不定)의 경지(境地), 전후변천(前後變遷)의 이별(離別)에도 놀라지 않고 천년만년(千年萬年)이라도 영생(永生)될줄로만 알다가 한번 무상(無常)의 유혹(誘惑)에 걸려들게 되니 절화유반(折花柳攀)의 장난에 광희고소(狂喜高笑) 하여온 죄업(罪業)의 업보(業報)인 것이다. 그렇다면 형락(亨樂)은 고통(苦痛)의 근원(根源)이며 또한 고행(苦行)은 희락(喜樂)의 근원(根源)임을 몰랐느냐. 이것은 이미 앞서 지내온 각왕청(各王廳)에서도 들었을 것이므로 새삼스레 말할 필요도 없으나 어째서 불도를 섬기지 안했느냐』라고 하면서 꾸짖으니 망령(亡靈)은 다만 참회(懺悔)의 눈물만 흘리고 있었을 뿐입니다. 그리고서 지

금 와서는 오직 사바(娑婆)에서의 추선공양(追善供養)만 바랄뿐
입니다. 라고 대답하고서 기다렸으니, 사바(娑婆) 유족들은 때를
놓치지 않고서 지극지성(至極至誠)으로서 추선공양(追善供養)을
여행(勵行)하여야 합니다.

34. 부모(父母)의 은덕(恩德)

모름지기 수림(樹林)의 그늘에 쉬어가고 하천(河川)의 물을
마시는 것도 타생(他生)의 인연(因緣)이라고 합니다. 하물며 부
모가 되고 자식(子息)이 된다는 것이 천지개벽이후로 얼마나 깊
은 인연(因緣)이겠읍니까? 그래서 옛날 전서(典書)에서는 부
(父)는 존친(尊親)의 의(義)를 가졌다고 쓰여 있으며, 부모(父母)
의 은덕(恩德)을 크게 보고 있읍니다. 모(母)의 은덕(恩德)도 크
며 그 이유(理由)는 어머니가 태중(胎中)에 들어서면, 해산(解産)
될때까지 행왕좌와(行往坐臥) 38전(轉)으로 어머니가 고생(苦生)
합니다. 일수(日數)로서는 260일이고 월수(月數)로서는 10개월이
라는 장기간(長期間)입니다. 항차(況且) 탄생이후(誕生以後)부터
의 보육(保育)의 은덕(恩德)이 태산(泰山)같이 무겁고 높습니다.
자식(子息)으로 인하여 죄(罪)를 범(犯)하고 지옥(地獄)에의 고
통도 당합니다. 그런데 이러한 은혜(恩惠)를 받으면서 어이없이
세월(歲月)만 허송(虛送)하여 그 부모가 삼도중고(三途重苦)에
시달리는 것을 잊어버리고 부모의 보시장사(菩提葬事)를 지내지
않는 일은 경망(輕妄)하기 이를데없는 짓이며 반드시 제천선신
(諸天善神)의 미움을 당할 것입니다.

　그래서 석가모니(釋迦牟尼)께서도 도리천(忉利天)에 오르고서 안거(安居) 90일간에 보은경(報恩經)을 설교(設敎)하시고 마야부인(摩耶夫人)의 10개월간 회임(懷姙)하심의 그 은덕(恩德)에 보답(報答)드린 것입니다.

　석가모니(釋迦牟尼)께서 이러하신데 항차(况且) 우리 범부(凡夫)에 있어서 그 은덕(恩德)을 잊어야 되겠읍니까.

　그리고서도 평등왕청(平等王廳)에서 거처(居處)가 지정(指定)되지 않으면 다음 1주기(週忌)의 왕(王)앞으로 송치(送致)됩니다.

35. 일주기(一週忌)

　일주기(一週忌)는 도조왕청(都帛王廳)에 도착(到着)합니다. 도조왕(都帛王)의 본신은 대세지보살(大勢至菩薩)입니다. 망령(亡靈)은 이 대왕(大王)앞에 엎드려 울면서 애원(哀願)하기를『대왕(大王)님이시여, 지금까지 지내온 명도여행(冥途旅行)길의 고생(苦生)은 매우 고통(苦痛)스러웠읍니다. 도저(倒底)히 말로써 표현(表現)하기 힘듭니다. 과연(果然) 죄업(罪業)의 보답(報答)이라고는 생각되오나 아직도 그 죄업(罪業)이 남아있다 하더라도 아무쪼록 어자비(御慈悲)로서 용서(容恕)해 주시옵기를 간절히 바라옵니다.』하고 또다시 합장배례(合掌拜禮)를 드리니,

　대왕(大王)께서 분부(吩咐)하시기를『이미 죄업(罪業)이 끝났다면, 여기까지 올 리(理)가 없다. 그것은 아직 죄업이 남아있다는 증거(證據)인 것이다. 결국(結局)은 죄업종료여부(罪業終了如否)를 가리는 상자(箱子)가 있으니 이것을 열어보면 죄업(罪業)

이 끝났으면 광명상자(光明箱子)를 열게 되니, 그 상자(箱子)로
서 심판(審判)하여 보자』라고 하시고 모든 상자(箱子)를 죄수(罪
囚)앞에 나란히 배치(配置)한다.

36. 죄업(罪業)의 상자(箱子)

　망령(亡靈)들은 겁이 나고 무섭기 짝이 없었으며 과연(果然)
어느 상자(箱子)를 열어봐야될지 망서리고 있으니, 옥귀(獄鬼)들
은 빨리빨리 하면서 재촉(催促)하므로 할 수 없이 불안에 떨며
그 중(中)의 상자(箱子) 하나를 열어보니까 별안간 맹화(猛火)가
튕겨나와서 망령(亡靈)을 덮쳐 타오릅니다. 이 모양을 바라본 옥
귀(獄鬼)들은 그것봐라, 그것봐라 하면서 손벽을 친다. 대왕(大
王)은 이 모양을 보고서,

　『앞서 다녀온 왕청(王廳)에서 이미 지옥(地獄)에 떨어질 것이
였으나, 사바(娑婆)의 추선공양(追善供養)이 있었으므로 여기까
지 온 것이다. 너희는 불도(佛道)를 멸시(滅視)하는 고이얀 놈이
기는 하나, 처, 자식(妻, 子息)은 효양(孝養)하는 선인(善人)이구
나. 지금 사바(娑婆)에서 일주기(一週忌)의 제(齊)를 지내고 있
으니 지옥(地獄)으로 보내지 않고 제삼주기왕청(第三週忌王廳)
으로 송치(送致)하노라』라고 엄숙(嚴肅)하게 선고(宣告)한다. 그
래서 망령(亡靈)은 제 3 년째의 여로(旅路)를 떠난다. 이 기간 삼
년간(三年間)의 고생(苦生)도 매우 심(甚)하고 견디기가 어려운
것이였읍니다. 그러하니 되도록이면 제왕청(諸王廳)을 거치지 않
고 즉신성불(卽身成佛)되도록 자신의 신심(信心)을 가다듬고 망

령을 회향(廻向)시켜야 합니다.

37. 삼주기(三週忌)

그런데 제 3 주기(週忌)에는 오도전륜왕(五道轉輪王)이 있는 왕청(王廳)에 송치(送致)됩니다. 전륜왕(轉輪王)의 본신(本身)은 석가여래(釋迦如來)입니다. 대왕(大王)앞에 끌려온 죄수(罪囚)들은 떨면서 고(告)하기를,

『저희들은 죄업(罪業)이 많은 몸이므로 극락왕생(極樂往生)은 염두(念頭)도 못내고, 그렇다고 지금 다시 사바재생(娑婆再生)하지도 못하오며, 이 이상(以上)의 고환(苦患)을 받고서 지옥(地獄)으로 떨어진다는 일은 도저(到底)히 견딜수 없읍니다. 아무쪼록 중용(中庸)의 길을 잡아주소서. 대왕(大王)옆의 옥졸(獄卒)로서 채용(採用)하여 주시옵기 간절히 바랍니다. 이미 여기까지 오는 도중(途中)에 여러 왕청(王廳)에서는 많은 수(數)의 옥귀졸(獄鬼卒)로 채용(採用)되어 가는 것을 봤읍니다. 지금 생각하니 저 옥귀졸(獄鬼卒)의 신분(身分)마저 부럽습니다. 옥귀졸(獄鬼卒)도 결국(結局) 필요하옵신 사환인(使喚人)인듯 하오니, 아무쪼록 어자비(御慈悲)로서 채용(採用)하여 주소서. 그렇지 않다면 앞으로의 고생(苦生)이 또한 얼마나 되겠사오며 어떤 길을 또 나아가야 하옵니까』하면서 울부짖으며 엎드려 우러러보니 대왕(大王)께서는 자비로우신 눈을 뜨고서 말씀하시기를 『너희가 호소(呼訴)함은 매우 동정(同情)이 되나, 무리(無理)하게 시행(施行)된 단죄(斷罪)가 아니며, 모두가 인연(因緣)으로서 맺어진 일이며

그들에게는 옥귀졸(獄鬼卒)로서 각자(各自) 결연(結緣)이 있는 것이다. 너희들에게는 그러한 인연(因緣)이 없으므로 사환인(使喚人)도 될 수 없는 것이다.

그러나 다만 사바(娑婆)에서 추선(追善)이 있다면 앞으로 봐 가면서 선처(善處)해 줄 것이다. 만약 아직도 유족(遺族)이 보시 장사(菩提葬事)를 시행(施行)하지 않으면 이제는 앞으로도 아무 소용(所用)이 없는 까닭으로서 지옥(地獄)으로 가는 수 밖에 없는 노릇이다. 불쌍하다. 자업자득(自業自得)의 이치(理致)이므로 지금 와서는 나의 힘도 미치지 않는다』라고 하시며 다시 말씀하시기를

『모름지기 지금까지의 고통(苦痛)은 큰바다물속에 한방울의 물에 불과(不過)한 것이며 너희가 그 지옥(地獄)의 고통(苦痛)을 당할때 어떻게 될까 하는 지옥양상(地獄樣相)을 대강 들려줄 것이다.』 하시고 지금부터 오도전윤왕(五道轉輪王)이 친히 설명하여 주신 지옥변상(地獄變相)이야기는 다음과 같습니다.

38. 무간지옥(無間地獄)

우선 지옥(地獄)에는 팔대지옥(八大地獄)이라 하여 여덟개의 지옥(地獄)이 있읍니다. 즉, 一에는 등활지옥(等活地獄), 二에는 흑승지옥(黑繩地獄), 三에는 중합지옥(衆合地獄), 四에는 규환지옥(叫喚地獄), 五에는 대규환지옥(大叫喚地獄), 六에는 초열지옥(焦熱地獄), 七에도 대초열지옥(大焦熱地獄), 八에는 무간지옥(無間地獄)등 입니다. 이 하나 하나의 지옥에는 16개의 별처(別

處)가 있으며 모두가 합쳐서 136개의 지옥(地獄)이 있읍니다.

이 팔대지옥(八大地獄)은 시초(始初)가 등활지옥(等活地獄)에 서 부터 차례 차례로 내려와 있읍니다. 그리하여 무간지옥(無間地獄)은 그 최하층(最下層)으로 되어 있읍니다.

우선 제일(第一)의 등활지옥(等活地獄)은 인간세계(人間世界) 아래 壹千유순(由旬)되는 곳에 있읍니다.(壹由旬은 四百理, 卽 160 km입니다.) 그 가로 세로 넓이가 다같이 壹만(萬) 유순(由旬)이 됩니다. 이 지옥으로 떨어진 죄수(罪囚)는 서로가 상해심(傷害心) 이 있어서 서로서로 만나게 되면 서로 할키고 물어뜯어서 혈육 (血肉)이 차차 떨어져 나가, 결국(結局) 해골(骸骨)만 남게 됩니다. 혹(或)은 쇠호박에 넣고서 절구로써 부수게 됩니다. 혹(或)은 끓여둔 동열탕(銅熱湯)속에 던져넣어서 이것을 끓이기를 콩삶듯 이 지져서 그 가운데 죄수(罪囚)몸체가 가라앉는 모습이 마치 자갈돌모양과 같읍니다. 죄수(罪囚)몸체가 가라앉다가 또다시 떠 오르다가 하면서 위로 보고 울부짖읍니다. 혹(或)은 적쇠로서 궁둥이로부터 머리끝까지 꽂아서 그 굽는 모양은 마치 고기를 꽂아서 굽는것 같다고 합니다. 그리고 항상 맹화(猛火)가 타며 여러가지 고통(苦痛)이 말할수가 없읍니다.

이 지옥(地獄)의 화염(火炎)을 인간세계(人間世界)의 불에 비교(比較)하여 보면 인계(人界)의 불 온도(溫度)는 얼음같이 차겁다고 합니다. 더구나 하부(下部)의 지옥(地獄)에서 화염(火炎)에 타고 있다가 문득 상부(上部) 등활지옥(等活地獄)을 바라보면 벌써 거기는 시원하기가 눈바람과 같읍니다.

이 지옥수명(地獄壽命)은 五백세이고 더구나 지옥의 일주야

(晝夜)는 인계(人界)의 900 만년(萬年)에 해당(該當)합니다. 그래서 지옥(地獄)의 5백세는 인계(人界)에 있어서는 무량세(無量歲)라고 합니다.

여기부터 차차로 옥계(獄界)로 내려감에 따라서 그 고통(苦痛)은 더욱 증가(增加)되어서 각각 십배이상(各各十倍以上) 추가되는 고통을 받으며 망령의 수명에 따라 십배이상 추가(追加)됩니다. 따라서 그 고통양상(苦痛樣相)은 여기서 자세(仔細)하게 설명(說明)들이기도 어려울 지경입니다. 망령들은 이러한 모양을 각자(各自)가 명심(銘心)하여 살펴야 합니다.

다음의 최하층(最下層)의 무간지옥(無間地獄)의 양상(樣相)을 모두 이야기 하겠읍니다. 이 무간지옥(無間地獄)은 대초열지옥(大焦熱地獄) 아래 있으며 인간계(人間界) 아래 25000유순(由旬)이나 먼 곳이다.

우선 사람이 죽으면 업력미숙(業力未熟)되어서 그 거처(居處)가 부정(不定)하던 중유시절(中有時節)중에는 선착(先着)한 지옥죄수(地獄罪囚)들의 울부짖는 소리가 멀리 들려오는데, 망령(亡靈)은 놀라서 기절(氣絶)해 버리며 서로가 어두운 공간(空間)속으로 화살같이 빠르게 떨어져 갑니다.

그리고 아비성(阿鼻成)의 가로 세로 거리가 각각 8유순(由旬)이나 되는 칠중철조망(七重鐵條網)이 그 성벽(城壁)을 둘러싸고 네 모서리에 네개의 동구(銅狗)가 있는데 그 키가 40유순(由旬)이고, 눈빛은 번들개와 같고 이빨은 칼날같으며 혓바닥은 쇠가시와 같읍니다. 그 전신(全身)의 모공(毛孔)으로부터 맹화(猛火)를 토(吐)하고 그 불꽃과 연기, 냄새가 지독하여 이루 말할수가 없읍니다. 또한 18명의 옥귀졸(獄鬼卒)은 그 머리가 나찰(羅刹) …
식인귀(食人鬼) … 머리와 같고 64개의 눈이 있어서 칼날같은 어
금니가 위로 향(向)하여, 돌출(突出)해서 4유순(由旬) 길이나 되
며, 어금니끝에서 분출(噴出)하는 화염(火焰)은 아비성내(阿鼻城
內)에 꽉차서 있읍니다. 또한 옥귀졸(獄鬼卒)의 머리위에는 18개
의 우두(牛頭)가 있어서 그 하나하나의 뿔끝에서 화염(火焰)이
분출(噴出)되어 있읍니다.

그리고 사대문내(四大門內)에는 각각 18개의 솥(釜)이 있읍니
다. 동열탕(銅熱湯)이 솟아나와서 성중(城中)에 충만(充滿)하게
퍼져 있읍니다. 성중각간방(城中各間房)에는 철피대사(鐵皮大蛇)
가 있어서 독(毒)을 뿌리고 화염(火焰)도 뿌려서 그 독기(毒氣)
가 또한 성중(城中)에 퍼져 있읍니다. 그 독사(毒蛇)가 한번 짖
으면 수백개(數百個)의 뇌성(雷聲)과 같이 큽니다. 또한 검고 살
찐 대사(大蛇)가 있어서 망령(亡靈)에게 감아 붙어서 발가락부
터 전신(全身)을 물어 뜯읍니다.

혹(或)은 뜨거운 쇠술잔을 들고 망령(亡靈)의 입에 넣으면 뜨
거운 동열탕(銅熱湯)은 당장 입과 목청을 태우고 내장(內臟)에
모두 침투(浸透)하여 퍼져나간다. 또한 화염검(火焰劍)을 들고서
전신(全身)의 皮肉(피육)을 난도질하고서 열탕(熱湯)을 부어 넣
는다. 그리고 사납고 뜨거운 화염(火焰) 덩어리가 있어서 그 불
덩어리가 날아와서 피육(皮肉)을 뚫고 골수(骨髓)에 침투(浸透)
하여 머리까지 타오르는 모양이 마치 촛불과 같읍니다. 이렇게하
여 죄수(罪囚)몸체가 모조리 타버리는 곳이 무간지옥(無間地獄)
이라고 말합니다. 앞서 칠대지옥(七大地獄) 및 별처(別處)의 지

옥(地獄) 전체(全體)의 고통(苦痛)보다도 아비지옥(阿鼻地獄)의 고통(苦痛)이 1000배나 혹독(酷毒)한 것입니다. 이러한 무간(無間)의 고통을 당하기는 거의 무한정(無限定) 세월(歲月)입니다.

그러므로 그 고통(苦痛) 양상(樣相)은 비교(比較)할 곳도 없읍니다. 그리고 모든 망령(亡靈)이 이 지옥(地獄)에 떨어지기 시작(始作)하면 136개의 지옥전체(地獄全體)를 그대로 돌아다녀야 합니다. 대왕(大王)께서 이렇게 지옥양상(地獄樣相)을 설명(說明)하여 주니, 망령(亡靈)들은 기겁을 하고 떨면서 어찌할 바를 모르고 있었읍니다. 그때 또다시 대왕(大王)은 엄숙(嚴肅)하게 선고(宣告)하시기를 『너희들이 지금 지옥양상을 듣기만 하여도 벌벌 떨게 되는데, 항차(況且) 실제로 지옥화염(地獄火焰)에 타기가 마른장작나무와 같을 경우를 다시 생각하여 봐라. 이것은 화염(火焰)이 태우는 것이 아니고 너희들이 저질은 악업자체(惡業自體)를 태우는 일이며 불타는 것을 끌수 없는 것도 악업자체(惡業自體)가 타는 까닭이다. 즉(即), 이러한 고통(苦痛)을 당하는 것은 오직 너희 마음씨 하나로써 일어나는 일인 것이다.

양호(養護)해 두어도 믿을수가 어려운 것이 처자식(妻子息)의 선근(善根)인 것이다. 항차(況且) 운명후추선(殞命後追善)의 공덕(功德)은 양호지성(養護至誠)의 7분지 1정도(程度)도 나오지 않는 것이다.

혹(或) 추선(追善)을 받는다 하여도 지옥(地獄)에서 회향(廻向)될 정도(程度)가 되지않는 것이다. 그러므로 사바(娑婆)에 살고 있을 동안에 회개(悔改)하지 않고서, 운명후(殞命後)에 후회(後悔)해도 아무 소용(所用)이 없는 것이다.』라고 엄숙(嚴肅)하게 심판(審判)하신후 죄악(罪惡)이 심중(深重)하고 참회(懺悔)하지 않는자는 지옥(地獄)으로 송치(送致)됩니다. 만약 운명후(殞命後) 일지라도 유족(遺族)들이 지극지성(至極至誠)의 추선공양(追善供養)을 올리고 보시장사(菩提葬事)를 지내면 인간(人間) 또는 천상(天上)으로 환생(還生)되기도 하다가 성불(成佛)도 됩니다.

39. 망령몸체에 못박기

열반경(涅槃經)에서는 이렇게 기록(記錄)되어 있읍니다. 사람이 운명(殞命)하면 염마대왕(閻魔大王)은 죽은 사람 몸체에 다가 49개의 못을 칩니다. 그것은 눈에 2개, 귀에 2개, 혓바닥에 6개, 가슴에 18개, 배 위에 6개, 발위에 15개를 쳐박읍니다. 못길이는 모두가 한자(壹尺)길이나 됩니다. 그래서 만약 사바에 남아있는 유족(遺族)중에 효자(孝子)가 있어서 추선(追善)을 위하여 승려(僧呂)를 초청(招請)한다면 즉시, 그 일이 염마대왕(閻魔大王)에 보고(報告)되므로 대왕(大王)은 우선 발위에 박은 15개의 못을 뽑기를 명(命)합니다. 그것은 추선(追善)을 위하여 승려(僧呂)를 초청(招請)하였다는 공덕(功德)이 나타난 것입니다. 그래서 망령(亡靈)들은 자유롭게 걸을수가 있읍니다. 그리고서 승려(僧呂)가 와서 불경(佛經)을 쓰고 독경(讀經)하면 배위의 못 6개를 뽑습니다. 다음에 불상조성(佛像造成)하고 개안불사(開眼佛事)를 하면 가슴에 박힌 못 18개가 뽑힙니다.

다음으로 불상조성(佛像造成)에 따라 법보응삼신(法報應三身)의 공덕(功德)을 독경(讀經)하며 망령(亡靈)을 위하여 포교(布教)

하여 주시옵기를 기원(祈願)하면 귀속에 꽂은 못이 2개 빠집니다.

사바(娑婆)의 유족(遺族)이 망령(亡靈)을 위하여 소리높여 독경(讀經)을 할때, 명도(冥途)의 망령(亡靈)도 같이 독경(讀經)하여 주면 이때 혓바닥에 박힌 못 6개가 빠집니다.

이렇게하여 유족(遺族)중에서 효자(孝子)가 있어서 추선공양(追善供養)을 올리는데 대하여서는 본래(本來)가 신통력(神通力)을 가지신 부처님의 변장화현(變裝化現)되신 염마대왕(閻魔大王)이시므로 사바(娑婆)의 불사(佛事)를 즉시(卽時) 알아차리시고 망령(亡靈) 몸체에 박힌 못 전부를 뽑아버리는 것이오나, 만약 사바(娑婆)에 있어서 후생추선효자(後生追善孝子)가 없을 경우에는 언제까지나 망령(亡靈) 죄업(罪業)의 못을 뽑아버리는 인연(因緣)이 나타나지 않는다.

우리들 인간(人間)은 아주 적은 가시가 손가락 끝에 박혀도 고통(苦痛)이 심(甚)한데, 항차(況且) 한자(壹尺)길이나 되는 못을 49개나 오체(五體)에 박아둔다면 어떻게 움직일 수도 없고 그 고통(苦痛)을 가히 짐작하고도 남는 것입니다. 이러한 도리(道理)도 모르고, 부모형제(父母兄弟)가 운명(殞命)하고서 초칠일(初七日)이란 것도 모르고 더구나 49일, 백일(百日)등도 전혀모르고 따라서 일주기(一週忌)라든지, 삼주기(三週忌)라는 것도 몰라서 그 후생추선장사(後生追善葬事)를 지내지 않아 망령(亡靈)의 고통(苦痛)을 구조(救助)못한다는 불효(不孝)의 죄(罪)는 매우 무거운 것이며, 이로써 망령(亡靈)은 악령(惡靈)이 되어서 후손(後孫)들의 성불(成佛)을 방해(妨害)하게 되는 것이다.

40. 명도여로(冥途如路)의 두 나그네

옛날, 양곽(良郭)에 아주자(阿周子)라는 두사람이 같은 시각(時刻)에 사망(死亡)하여, 염마왕청(閻魔王廳)에 왔읍니다. 그 생전(生前)에 저지른 죄업(罪業)이 같았으므로 염마대왕(閻魔大王)은 어심사(御審査)하시고,

『두사람 다같이 죄업(罪業)이 심중(深重)하므로 흑승지옥(黑繩地獄)에 떨어뜨려라』라고 일단(一旦) 선고(宣告)하신 뒤에 『기다려봐라. 소피귀(小疲鬼)야, 빨리 사바(娑婆)로 가서 두사람의 망령의 유족(遺族)들의 추선공양상황(追善供養狀況)을 똑똑히 알아보고 오도록 해라』라고 분부(吩咐)하였읍니다. 소피귀(小疲鬼)는 명령(命令) 받자마자 단숨에 명도(冥途)에서 사바(娑婆)로 와서 실제(實際)로 검사(檢查)를 하여 보니, 양곽(良郭)의 유족중(遺族中)에는 효자(孝子)가 있어서 추선공양(追善供養)을 올리고, 승려(僧呂)를 초청(招請)하여 불상조성(佛像造成)을 하고 독경(讀經)하여 대승묘전(大乘妙典)을 독송(讀誦)하면서 제(齊) 올리기에 지성(至誠)을 다하고 있었읍니다.

41. 양곽(良郭)의 극락행(極樂行)

소피귀(小疲鬼)는 즉시(即時) 염마대왕(閻魔大王)에게 양곽의 추선공양상황(追善供養狀況)을 보고(報告)드렸읍니다. 대왕(大王)은 옆에 있는 정파리경(淨玻璃鏡)을 끄집어내어서 바라보시니 과연 소피귀(小疲鬼)의 보고(報告)와 같은 실황(實況)이 영사(映

寫)되어 갑니다.

그래서 대왕(大王)은 엄숙(嚴肅)하게

『너는 생전(生前)에 저지른 죄업(罪業)이 무거우나 지금(只今) 유족(遺族)의 추선공덕(追善功德)과 비교(比較)해보니, 죄업이 가벼워지고, 선근표례(善根表禮)가 효험을 본 것이다. 과연 너는 행복(幸福)한 자이구나. 진선묘유(眞善妙有)의 공력(功力)이였으므로 너의 모든 죄업(罪業)은 이슬과 같이 즉시죄과소멸(卽時罪果消滅)되고 도리천(忉利天)의 복(福)을 얻어서 그 위덕(威德)의 천인(天人)으로 봉(封)해서 보내줄 것이다.』라고 말씀하셨읍니다. 양곽(良郭)은 매우 기뻐서 거듭거듭 머리를 숙이고 합장배례(合掌拜禮)하면서 도리천(忉利天)으로 올라 갔읍니다.

42. 아주자(阿周子)의 지옥전락(地獄轉落)

눈앞에서 양곽(良郭)의 극락행양상(極樂行樣相)을 보고서 아주자(阿周子)는 자신(自身)의 신세(身勢)는 어떻게 될지 가슴에 손을 얹어가면서 불안(不安)한 마음으로 쳐다보고 있으니, 대왕(大王)이 말씀하시기를,

『여봐라. 아주자(阿周子)야, 너는 사바(娑婆)에 두고온 효자(孝子)가 있느냐』라고 하문(下問)하시니, 아주자(阿周子)는 떨면서 고(告)하기를,『사바(娑婆)에는 저에게 추선장사(追善葬事) 지내줄 효자라고는 아무도 없읍니다. 유족(遺族)이 있더라도 추선(追善) 올려줄 희망(希望)은 전혀 없읍니다. 항차(況且) 승려초청(僧侶招請)하고 불상조성(佛像造成) 독경(讀經)하여 대승묘전

(大乘妙典)을 찬탄(讚嘆)해 준다는 것은 생각조차 할 수 없읍니다. 이렇게 정직(正直)하게 자백(自白)한 이상(以上) 아무쪼록 자비(慈悲)로서 용서(容恕)를 빕니다.』라고 하며 머리를 조아리고 엎드려 빌었읍니다.

염마대왕(閻魔大王)의 본신(本身)이 지장보살(地藏菩薩)이므로 원래(元來)가 자비(慈悲)하신 어른이였으므로 혹(或) 아주자(阿周子)가 무엇을 잘못 애원(哀願)하지 않을까 생각해서 정파리경(淨玻璃鏡)을 들고서 그 죄상(罪狀)의 정도여부(程度如否)를 살펴보시니, 과연(果然) 그말대로 누구 한사람 아주자(阿周子)의 보시장사(菩提葬事)를 지내는 사람이라고는 없읍니다. 형제잔존(兄弟殘存) 하여도 추선(追善)도 올리지 않고 초 7 일도 모르고 49일이 되어도 제(齊)올릴 생각도 없읍니다. 염마대왕(閻魔大王)은 불쌍하게 생각이 되나 자업자득(自業自得) 인과(因果)의 도리(道理)를 배반(背反)할 수가 없으므로 부득이 흑승지옥(黑繩地獄)으로 송치(送致) 했읍니다.

43. 흑승지옥(黑繩地獄) 여행

이렇게 하여 흑승지옥(黑繩地獄)으로 송치(送致)된 아주자(阿周子)는 슬퍼하면서 말하기를 『과연 나는 그 옛날 사바재세시(娑婆在世時)에는 금은재보(金銀財寶)도 많이 가졌고, 그 부귀(富貴)가 결코 남에게 뒤지지 않았던 것인데 어찌하여 처자식(妻子息)이나, 형제(兄弟)가 추선(追善)을 해주지 않았을까 라고 하늘을 쳐다보고 혹은 땅을 치면서 슬퍼하여도 어떻게 구조(救

助)길이 없읍니다. 그로부터 37일째 밤중에 송제왕(宋帝王)의 어 필(御筆)로서 아주자(阿周子)에의 판결문(判決文)을 구생신(俱生神) 이 가지고 아주자와 함께 47일째 새벽에 오관왕(五官王)에게 인도 되어 갔읍니다. 그리고 아주자는 그 판결문과 함께 흑승지옥(黑 繩地獄)으로 향했읍니다.

흑승지옥(黑繩地獄)의 양상(樣相)은 가로 세로 넓이가 壹만유 순(由旬)입니다. 망령(亡靈)을 기다리는 여러 옥귀졸(獄鬼卒)은 즉시(卽時) 몰려와서 망령(妄靈)을 잡아서 열철대지(熱鐵大地) 위에 다가 넘어뜨리고 열철포승(熱鐵捕繩)을 가지고 오체(五體) 를 포박(捕縛)합니다. 그 다음에는 열철(熱鐵)의 도끼를 가지고 포승(捕繩)을 따라가면서 쫓아 나갑니다.

혹은 톱을 가지고 그 몸체를 썰이기도 하고, 혹은 칼날을 가지 고 몸체를 군데 군데 찌르기도 하는 등 여러가지의 처벌방법(處 罰方法)이 있읍니다. 그러므로서 오체(五體)가 조각나고 사방(四 方)으로 흩어져 나가는 모양이 참혹(慘酷)하기 비(比)할 바가 없 읍니다. 옥귀졸(獄鬼卒)은 그렇게 하고서도 부족(不足)하여 또다 시 망령(亡靈)을 붙잡아서 굵은 쇠줄을 가지고 그림자와 같은 망령(亡靈)의 몸체를 쪼여감으니 피육(皮肉)이 찢어지고, 골수 (骨髓)까지 파고 들어가서 드디어는 전면파괴(全面破壞) 되어 버립니다. 다음에는 이쪽 저쪽 철산(鐵山)위에 철방패(鐵防牌)를 세워두고 방패와 방패사이의 윗면으로 쇠줄을 동여맨 다음에 쇠 줄아래는 뜨거운 물이 끓는 솥(釜) 이 놓여 있어서 물끓는 소리 가 무섭게 들린다. 여기서 옥졸(獄卒)들은 망령(亡靈)을 철산(鐵 山)으로 밀어보내고서 드디어 공중가설(空中架設) 된 쇠줄을 디

디고 건너가게 합니다. 곡예사(曲藝師)도 아닌 망령(亡靈)은 벌벌 떨면서 건너다가 그만 가물가물하게 떨어져있는 아래 쇠물끓인 솥속으로 떨어져서 콩볶히듯이 삶겨갑니다. 모름지기 인간계(人間界)의 일백년(壹百年)은 지옥(地獄)에서는 일주야(壹晝夜)에 해당(該當)하며 더구나 이 지옥(地獄)의 고통(苦痛)을 당한지 일천년(壹千年)이라는 긴 세월(歲月)이 지나야 비로소 죄업(罪業)이 소멸(消滅)되는 것입니다.

살생(殺生)한 자, 또는 강도(强盜)가 이 지옥(地獄)에 떨어집니다 그러나 같은 죄업(罪業)을 범(犯)하면서도 양곽(良郭)에는 그 유족중(遺族中)에 효자(孝子)가 있어서 추선공양(追善供養)을 지성(至誠)으로 올렸으므로 이러한 고통(苦痛)에서 구조(救助)되어서 도리천(忉利天)으로 전생(轉生)했으나, 단지 한사람의 효자(孝子)도 없고 추선공양(追善供養) 올려줄 유족(遺族)도 없었으므로 운명후(韻命後) 일천년(壹千年)이라는 기나긴 세월(歲月)을 지옥고생(地獄苦生)하게 된 것입니다.

옛날부터 오늘날까지 효자(孝子)없는 사람의 명도여행(冥途旅行)에는 언제까지나 이런 고통(苦痛)을 당하는 것입니다. 추선(追善)올릴자가 없으면 망령(亡靈)은 언제 환생(還生) 되겠읍니까?

신체발부(身體髮膚)를 부모(父母)로부터 이양(移讓)받으면서도 부모(父母)가 유명(幽明)을 달리게 되면 사인무구(死人無口)라고 하고서 무슨 일이 있을까보냐 하고 후생보시장사(後生菩提葬事)도 잊어버리고 돌아보지도 않는다면 망령(亡靈)은 반드시 악령(惡靈)이 되어서 그 자자손손(子子孫孫)에게 죄앙을 뿌릴

것이라는 말은 열반경(涅槃經)에도 쓰여 있읍니다. 다른 사람이
추선(追善)해주지 않는 일은 그만두고서라도 자비(慈悲)로서 양
육(養育)받고 막대(莫大)한 유산재보(遺産財寶)까지 이양(移讓)
받는 자손(子孫)과 친척연고자(親戚緣故者)들이 그 조상(祖上)
을 섬기지 않는다는 것은 배은망덕(背恩忘德)이 아닐수 없읍니
다. 두고두고 조심(操心)해야 됩니다.

제 2 편 지옥과 극락구경

44. 혜심승도(惠心僧都)와 왕생요집(往生要集)

우리들이 죽어서 가야하는 지옥(地獄)이나 극락(極樂)이라는 곳은 어떠한 곳일까. 그림이나 경문(經文)에서 표시(表示)되어 있으나 사실(事實) 실제(實際)로 보고온 사람이 없으므로 말하자면 상상설(想像說)입니다.

그러나 그것으로 좋을것이며 만약 명도(冥途)와 사바(娑婆)의 내왕(來往)길이 트인다면 그렇지 않아도 복잡다단(複雜多端)한 사회(社會)가 더욱 번잡(繁雜)해져서 소란(騷亂)하여 손을 쓰기가 곤란(困難)할 것입니다. 아직도 미지(未知)로 된 점(點)이 묘미(妙味)가 있습니다. 문명(文明)이라 함은 인간(人間)을 태만(怠慢)하게 한다고도 하는데 어떠한 과학(科學)의 진보발명(進步發明)으로서 지옥(地獄)을 소멸(消滅)시켜 버릴지도 모른다고 합니다. 그렇게되면 사람들이 신불(神佛) 천일(天日)을 두려워하는 마음씨가 없어지고 나쁜짓이 끊임없이 자행(恣行)되어가서 드디어는 이 세상전체(世上全體)가 그대로 지옥(地獄)이 되어버립니다. 여담(餘談)은 그만하고

그런데 지옥(地獄)과 극락(極樂)이 어떠한 곳인가 하는 양상(樣相)을 옛날에 원신화상(源信和尙)은 그 저서(著書)『왕생요집(往生要集)』에서 자세하게 논설해 두었읍니다. 원신화상은 세상에서 혜심승도(惠心僧都)로 알려진 분으로 그 『왕생요집』은 당시의 승속간(僧俗間)에 널리 홍포(弘布)되어서 애독(愛讀)하여 온 것이며 따라서 일대(一代)의 사조(思潮)를 움직였던 것입니다. 원신화상(源神和尙)은 일본 주작천황(朱雀天皇) 천경(天慶) 五年에

야마도국(大和國) 도오마리(當林里)에서 출생(出生) 했읍니다. 그 아버지 이름은 우라베마사치가(卜部正親), 어머니는 기요하라시(淸原氏)인데 7세때 출가(出家) 시키라는 유언(遺言)을 남기고 별세하였읍니다. 그리고서 편모슬하(片母膝下)에서 양육(養育)되었다가 13세때 예산(叡山)의 승려(僧呂)를 따라가서 입산(入山)하여 좌주료겡(座主良源) ~ 지께이조오쇼요(慈惠僧正)의 상제(上第)로 입문(入門)하였다.

그때 소년 원신(小年 源信)을 발견(發見)할때 이러한 일화(逸話)가 있었읍니다.

료오겡(良源)화상이 하천(河川)에서 철발(鐵鉢)을 씻고있으니 그때 하천(河川)물이 약간 탁수(濁水)였는데 다른 아이들과 놀던 원신(源信)이 스님을 보고서 『어차피 씻으려면 맑은 물이 좋지 않겠읍니까』라고 말했읍니다. 그래서 료요겡화상(良源和尙)은 즉시 대답(卽時對答)하기를 『본래(本來)가 물은 맑고 탁(濁)함이 없으므로 반드시 맑은물이 소요(所要)되지 않는다』라고 대답(對答)하였읍니다. 대개의 아이들은 그 정도(程度)로서 대답(對答)이 끝나는 것인데 원신소년(源信小年)은 당장 『맑고 탁(濁)함이 없다면 어찌 그 물에 씻읍니까』하고 반문(反問) 해 버렸다.

료오겡화상(良源和尙)은 이 소년(小年)이 비범(非凡)한 아이구나 하는 생각이 들어서 한번 시험해 보고져 하여

『숫자를 셈할때 히드쯔(一ツ) 후다쯔(二ツ) 밋쯔(三ツ) 욧쯔(四ツ) 이쯔쯔(五ツツ) 뭇쯔(六ツ) 나낫쯔(七ツ) 얏쯔(八ツ) 고고노쯔(九ツ) 도오(十)으로서 1에서 9까지 ツ글자가 달여있는데 도오(十)에는 어째서 ツ글자가 없느냐』하고 물으니 원신소년

(源信小年)은 즉석(卽席)에서 『이쯔쯔(五ツツ)에 ツ 글자가 두개 달려 있으니 도오(十)에는 ツ글자가 없읍니다』라고 대답(對答) 했읍니다. 료오겡화상(良源和尙)은 원신(源信)의 지혜(知慧)에 감탄(感歎)하고 그 어머니의 승낙(承諾)을 얻어서 예산(叡山)에 데리고 가서 입문(入門) 시켰다고 합니다. 이 원신화상(源信和尙) 에게는 여러가지 유명한 저서(著書)가 있읍니다.

『일승요결(一乘要訣)』『미타경소(彌陀經疏)』『대승대구사초(大 乘對俱舍鈔)』등은 五十 여부(餘部)의 저서(著書)중에서 가장 유 명(有名)한 것이며 또한 유명(有名)한 41 조(條)의 기청(起請)이 라 함은 원신(源信)이 그 상제(上弟)를 위한 41 조목(條目)의 금 제문(禁祭文)입니다. 이러한 여러가지 저서(著書)중에서도 『왕생 요집(往生要集)』 3권(卷)은 특별(特別)한 정성으로서 이룩한 대 저술(大著述)입니다.

그러므로 일본국(日本國)만이 아니고 멀리 송(宋)나라에 까지 보내서 태주(台州)의 주문덕(周文德)의 가상(嘉賞)을 받아서 국 청사(國淸寺)에 납품(納品)되기까지 했읍니다. 또한 언젠가 태종 (台宗)의 질의 27 조(質疑二十七條)를 송(宋)나라 송덕지례(頌德 知禮)에게 송부(送付)하였더니 지례(知禮)가 찬탄(讚嘆)하고 정 중(叮重)한 답서(答書)를 보내왔다고 합니다. 그 위명(威名)이 천하(天下)에 퍼지자 원신(源信)은 이것을 오히려 싫어하여 요 꼬응아와(模川)란 곳에 숨어버렸읍니다. 이러한 행동(行動)도 매 우 재미가 있읍니다. 현대사람은 어떻게 하여야 유명(有名)해질 까 또는 돈을 벌 수 있을까. 모든 사람의 지지(支持)를 얻어서 출세(出世)를 할까 등등으로 생각하는데 원신(源信)은 이러한 인간(人間)의 탐욕(貪慾)스러움을 싫어하였다는 점(點)에서 고결(高潔)한 마음씨를 가졌던 것이다. 원신(源信)은 시초(始初) 성도문(聖道門)의 승려였읍니다. 그래서 모든 계율(戒律)을 수행(修行)하고져 그 후(後) 수십년간(數十年間) 여러가지 수행체험(修行體驗)을 가진 것이다. 그래도 안심(安心)이 안되어서 정토종(淨土宗)으로 귀의(歸依)하였읍니다. 진종칠고승(眞宗七高僧)의 여섯번째로 추천(推薦)된 분입니다.

그래서 그 결과(結果)가 『왕생요집(往生要集)』의 대저술(大著述)로써 나타났읍니다. 그 제일시초(第一始初)에 이렇게 씌여있읍니다. 그 왕생극락(往生極樂)의 교행(敎行)은 탁세말대(濁世末代)의 길잡이가 된다. 도속귀천(道俗貴賤)은 누구나가 귀의(歸依)하지 않으리오, 현밀(顯密)한 교법(敎法)은 그 문장(文章)이 많다. 사리(事理)의 업인(業因)의 수행(修行)이 또한 많다. 이지정진(利智精進)한 자(者)에게는 어렵지 않으나 나와같은 어리석은 자(者)가 어찌 감(敢)히 볼 수가 있을까. 라고 말했읍니다.

즉 불교(佛敎)에서는 현교(顯敎)라든가 밀교(密敎)라든가 여러가지 교법(敎法)이 있는데 이지상근(利智上根)된 사람들은 그래도 다행(多行)하게 수행(修行)되나 나와같은 어리석은 자(者)는 어려운 것이다. 다만 "왕생극락(往生極樂)의 교행(敎行)만이 더럽혀진 이 세상(世上)에서 길잡이가 되어주는 것이다 라고 말씀하신 것입니다. 그리고 그 중간(中間)쯤 가서는 『왕생수행(往生修行)은 염불(念佛)을 근본(根本)으로 하는 것이다』라고 했으며 종말(終末)쯤 가서는 반드시 반성(反省)할지어다 욕(辱)을 당하는 일도 또한 인연(因緣)이였다고 함은 내가 만약도통(萬若道

通)한다면 반드시 그들을 포섭(包攝) 인도(引導)하고 보시까지 사제지의(師第之義)를 가질 것이다. 라고 말씀하시고 적(敵)으로 보이는 자(者)도 또한 결연(結緣)의 동행(同行)이라고 하셨읍니다. 원신(源信)은 자력(自力)으로부터 타력(他力)으로 넘어갔읍니다. 이러한 모양은 다른 모든 고승(高僧)들에게도 보여지는 비슷한 경로(經路)입니다. 그래서 이 왕생요집(往生要集)은 원신(源信)이 45세때 저술(著述)하여 서문(書門)을 나누기 10종(種)이고 경론문장인용(經論文障引用) 75. 제일 압리예문(第一壓離穢門) 제이흔구정토문(第二欣求淨土門) 제삼극락증거문(第三極樂證據門)으로 되어 있읍니다. 고오닝(寬仁) 원년(元年) 6월 10일 향년(享年) 77세로 열반(涅槃)했읍니다.

위의 「왕생요집(往生要集)」내에 쓰여있는 지옥(地獄) 극락(極樂) 양상(樣相)에 따라서 그것을 발솔(拔率)하여 지옥, 극락의 견문기(地獄. 極樂. 見聞記)를 펼쳐 나가겠읍니다.

45. 지옥(地獄)구경

압리예토(壓理穢土)라 하는 것은 더럽혀진 사바세계(娑婆世界)가 싫어서 떠나는 것을 말하며 그 결과(結果)는 흔구정토(欣求淨土)가 되어서 극락(極樂) 정토(淨土)를 기쁘게 맞이한다 라는 뜻입니다. 이 사바(娑婆)를 지옥(地獄) 아귀(餓鬼) 축생(畜生) 수라(修羅) 인간(人間) 천상(天上)의 육계(六界)로 나눕니다. 이것을 육도(六道)라고도 하고 삼계(三界)라고도 합니다.

삼계(三界)는 편안(平安)하지 않고 늘 불꽃 튕기는 집과 같다

고 합니다. 육계(六界)의 최하등(最下等)이 지옥(地獄)입니다. 이
지옥(地獄)을 또다시 팔등분(八等分)합니다. 제1에는 등활지옥
(等活地獄) 제2에는 흑승지옥(黑繩地獄) 제3에는 중합지옥(衆
合地獄) 제4에는 규환지옥(叫喚地獄) 제5에는 대규환지옥(大叫
喚地獄) 제6에는 초열지옥(焦熱地獄) 제7에는 대초열지옥(大焦
熱地獄) 제8은 무간지옥(無間地獄)입니다.

46. 등활지옥(等活地獄)

등활지옥(等活地獄)은 생전(生前)에 살생계(殺生戒)를 범(犯)
한 자(者)가 가는 곳입니다. 이 지옥(地獄)에 떨어진 죄수(罪囚)
는 항상(恒常) 서로가 상해심(傷害心)을 가지고 있으며 가령 노
루를 만나는 수렵인(狩獵人)과 같이 어떻게든지 상대(相對)를
찢어버릴까 하고 생각합니다. 옥귀졸(獄鬼卒)은 검(劍)을 가지고
죄수(罪囚)의 피육(皮肉)을 썰입니다. 일단(一但) 숨결이 끊어져
도 시원한 바람만 불게되면 다시 소생(蘇生)됩니다.

허공(虛空)에서 소리가 나면서 『유정(有情)이여 등활(等活)하
라』라고 외치고 옥귀졸(獄鬼卒)이 철봉(鐵棒)으로서 대지(大地)
를 치면서 『활(活), 활(活)』하고 외치면 또다시 소생(蘇生)되어
갑니다. 이 고통중(苦痛中)에서도 죽지도 않읍니다. 영겁(永劫)
에 걸쳐서 이 생사고통(生死苦痛)이 반복(反復)됩니다. 그러므로
등활지옥(等活地獄)이라 합니다. 이 등활지옥(等活地獄)의 사방
대문외부(四方大門外部)에 16개의 지옥(地獄)이 있읍니다. 제1
의 요니소(尿泥所)에는 생전(生前)에 동물 또는 조류(鳥類)를 살

等活地獄

생(殺生)한 자(者)가 가는 곳이며 뜨거운 분뇨층(糞尿層)이 찐득 찐득하게 꽉차서 죄수는 그것을 양식으로 먹는 곳입니다.

제2의 도륜소(刀輪所)는 생전(生前)에 탐욕(貪慾)을 일삼고서 살생(殺生)하는 자(者)가 가는 곳으로서 흑철벽(黑鐵壁)으로 둘러싸여 있으며 검(劍)이 폭포(瀑布)와 같이 공중(空中)에서 떨어집니다.

제3의 분열소(盆熱所)는 생전(生前)에 살생(殺生)하고 그것을 삶아 먹은 자(者)들이 가는 곳으로 흑철솥(黑鐵釜)속에 망령죄수(亡靈罪囚)를 던져넣어서 엿과 같이 삶겨집니다.

제4의 다고소(多苦所)는 생전(生前)에 사람을 포박(捕縛)하고 구타(拘打)하고 연기(燃氣)로서 사람을 덮쳐 고통(苦痛)을 주었던 자(者)로서 엄청나게 많은 독(毒)이 꽉차서 있읍니다.

제5의 암명소(闇冥所)는 생전에 화염(火焰)으로서 양(羊), 거북(龜)을 죽인자가 가는 곳이며 항상 화염(火焰)에 타죽고 또한 뜨거운 바람에 날려갑니다.

제6의 불희소(不喜所)는 생전(生前)에 소리내여 조수(鳥獸)를 때려잡은자(者)가 가는 곳이며 망령죄수(亡靈罪囚)를 불꽃 주둥이를 가진 조류(鳥類)가 쫓아잡고 또는 여우가 망령(亡靈)의 살결을 물어뜯습니다.

제7의 극고소(極苦所)는 생전(生前)에 이유(理由)도 없이 난잡(亂雜)한 살생(殺生)을 한 자(者)가 가는 곳으로 험난(嶮難)한 절벽(絶壁)아래서 쇠불에 타죽기를 반복합니다.

47. 흑승지옥(黑繩地獄)

제 2 의 흑승지옥(黑繩地獄)이라는 곳은 등활지옥(等活地獄) 아래 있으며 그 10배(培) 이상의 고통(苦痛)을 당합니다. 살생(殺生) 및 강도(强盜)질 한 자(者)가 가는 곳으로 흑철승(黑鐵繩)으로서 망령(亡靈)의 전신(全身)을 묶고서 톱을 가지고 수없이 썰어서 동강냅니다. 또한 좌우(左右)의 흑철산(黑鐵山)의 산(山)과 산(山) 사이에 줄을 걸어서 그 철승(鐵繩)중간 아래에 다가 커다란 철솥(鐵釜)을 두고서 흑철열탕(黑鐵熱湯)을 넣어둔다. 망령(亡靈)을 공중(空中)에 달아둔 철승(鐵繩)을 타고 건너게 하면, 당장 열탕(熱湯)속에 떨어져서 피골(皮骨)이 녹아버린다. 거기서 옥귀졸(獄鬼卒)들은 『마음이 가장 원수였다. 그 마음의 줄을 가지고 자신을 포박(捕縛)하니 죄업(罪業)의 업보(業報)가 이러한 것이다』라고 외칩니다.

그 옆으로 등환수고소(等喚受告所)라는 지옥(地獄)이 있읍니다. 생전(生前)에 법(法)을 악용(惡用)하고 모략(謀略)을 일삼던 사기꾼들이 가는 곳입니다. 죄수(罪囚)를 높은 곳에 달아매고 칼날을 꽂은 칼숲속에 떨어 뜨립니다.

그리고 외취소(畏鷲所)라는 곳이 있읍니다. 포박살인(捕縛殺人)하고 타인식물(他人食物)을 박탈(剝奪)하였던 자(者)가 가는 곳으로서 옥귀졸(獄鬼卒)들이 칼을 휘두르고 주야(晝夜)로 설치고 또한 활에 화살을 걸어서 몰아 사살(射殺)해 버립니다.

黑繩地獄

48. 중합지옥(衆合地獄)

제 3 번째의 중합지옥(衆合地獄)은 흑승지옥(黑繩地獄)의 아래에 있읍니다. 모두가 사음(邪淫) 간음(姦淫) 남색(男色) 간통(姦通)등 죄(罪)를 범(犯)한 자들이 가는 곳입니다. 흑철산(黑鐵山)이 병풍(屛風)같이 둘러쌓이고 우두마안(牛頭馬顔)의 옥귀졸(獄鬼卒)이 철장 철봉(鐵杖 鐵棒)의 형구(刑具)로써 밀어부치고 죄수(罪囚)가 산간계곡(山間溪谷)으로 달아나면 계곡(溪谷)이 늘어앉아서 죄수(罪囚)의 몸체가 땅에 꽂아지고 피육(皮肉)이 산산조각이 납니다. 또한 동(銅)의 열탕(熱湯)의 하천(河川)으로 죄수(罪囚)를 떠내려 보냅니다. 부심(浮沈)을 반복(反復)하면서 떠내려 갑니다. 손을 들어서 외치는 자, 서로 붙잡고 울부짖으면서 떠내려 갑니다. 영구(永久)하게 구조(救助)해 주는 자(者)도 없읍니다.

또한 도엽림(刀葉林)이란 곳이 있읍니다. 여기 나무위에서 바라보니 수려(秀麗)한 용모(容貌)로서 화장(化粧)하고 있는 부인(婦人)이 꿈에도 잊지못하던 애처(愛妻)였으므로 "아이고 반가워라, 그리워라" 하고서 나무에 오르고저하면 나무 전체(全體)가 칼날으로 되어 있으므로 피육(皮肉)이 갈라지고 피가 납니다. 가장 무섭고 위험한 줄을 알면서도 업보(業報)로 인하여 검목(劍木)을 올라가서 겨우 정상(頂上)에 가보면 그 애처(愛妻)는 어느듯 나무아래 땅위에 내려와 있어 그리워하면서 쳐다보고 있읍니다. 애처(愛妻)는 말하기를 『나를 그리워하여 여기까지 왔으니 빨리 와서 안아 주세요』하고 아양을 떱니다. 죄수(罪囚)는 더욱

애가 달아서 도수목(刀樹木)위에서 피육(皮肉)이 터지고 찢어지면서 천신만고로 지상(地上)으로 내려와보면 애처(愛妻)는 나무 위에 가 있읍니다. 죄수(罪囚)가 애타서 나무에 오르면 애처(愛妻)는 땅위에서 부른다고 합니다. 이렇게 반복(反復)되기를 무량천세(無量千歲)가 되도록 끝나지 않고 계속(繼續)됩니다. 근처(近處)에 악견소(惡見所)가 있는데 여기는 생전(生前)에 어린 아이에게 음행(淫行)을 저지른 자(者)가 가는 곳이며 죄수(罪囚) 눈앞에서 죄수(罪囚)의 자식(子息)을 잡아와서 흑철(黑鐵)집게로서 그 남근(男根)을 뽑아 버립니다.

아이의 고통에 몸부림치는 비참(悲慘)한 모양은 매우 가혹(苛酷)합니다. 그리고 또한 죄수(罪囚)를 거꾸로 매어달아서 항문(肛門)으로부터 동열탕(銅熱湯)을 체내(體內)로 주입(注入)시키므로 오장육부(五藏六腑)를 모두 태우고 그 불길이 눈, 코, 귀로 솟구쳐 나옵니다.

다음 다고소(多苦所)라는 곳은 남자 또는 여자가 각각 동성사음(同性邪淫)했던 자들이 가는 곳으로서 상대(相對)하던 사음동성(邪淫同性)이 전신(全身)이 불덩어리가 되어서 죄수(罪囚)에게 와서 껴안읍니다. 그래서 겁이나서 도망치다가 험(嶮)한 절벽(絶壁) 낭떠러지에 떨어지면서 화염(火焰)을 토(吐)하는 조수(鳥獸)들에게 물려 죽읍니다.

다음 인고소(忍苦所)라는 곳은 타인(他人)의 애처(愛妻)를 범(犯)하여 간통(姦通)하던 간부(姦夫)가 가는 곳으로서 수림(樹林)에 거꾸로 달아서 그 아래는 화염(火焰)이 타오르면서 전신(全身)이 모두가 타버리는 것이나 그렇다고 죽지도 않고 영구(永久)

衆合地獄

94

하게 구조(救助)하여 주지도 않고 도현지고(倒懸之苦)를 당하게 됩니다.

49. 규환지옥(叫喚地獄)

제4번째는 규환지옥(叫喚地獄)이며, 중합지옥(衆合地獄)의 아래 있읍니다. 살생(殺生) 강도(強盜) 사음(邪淫)이외에 음주(飮酒)의 죄(罪)를 범(犯)한 자(者)가 가는 곳입니다. 옥귀졸(獄鬼卒)의 우두머리는 빨강색 포(袍)를 입고서 눈에서 화염(火焰)을 뿜고 있었읍니다. 죄수(罪囚)를 노려보기가 화살같이 날카로왔으며 보기만 하여도 기절(氣絶)할 지경입니다. 기겁을 한 죄수(罪囚)는 땅바닥에 엎드려서 머리를 조아리고 원(願)하옵건데 어자비(御慈悲)로서 잠시라도 용서(容恕)하여 주시기 바랍니다. 라고 애원(哀願)하여도 옥귀졸(獄鬼卒)들은 더욱 노(怒)하여 열철판(熱鐵板)위로 걸어가게 합니다. 뜨거운 쇠선반위로 구어서 던져 올립니다. 혹은 뜨거운 불젓가락을 가지고 죄수(罪囚)의 입을 벌리게 하여 동열탕(銅熱湯)을 부어 넣으면 당장 오장육부(五臟六腑)가 탑니다. 그래서 죄수(罪囚)는 견디다 못해서 『아무쪼록 자비(慈悲)로서 용서(容恕)를 빕니다.』라고 하면서 우러러 빌면 염마대왕(閻魔大王)이 말씀하시기를 『너희는 사바재세시(娑婆在世時)에서 애욕사음(愛欲邪淫)에 젖어서 악업(惡業)을 저질렀으므로 지금 그 업보(業報)를 받는 것이다. 어찌하여 미리 회개(悔改)하지 않았느냐. 늦었느니라. 지금 회개(悔改)한다더라도 소용이 없다.』고 하시고 그 초열고통(焦熱苦痛)을 반복(反復)시킵니다.

규환지옥 (叫喚地獄)

이 규환지옥(叫喚地獄)에는 16 개의 별처지옥(別處地獄)이 있읍니다. 그 중에 화말충(火末虫)이란 것은 생전(生前)에 타인(他人)에게 술을 판매(販賣)할때, 물을 타서 속여서 거리(巨利)를 취득한 자(者)가 가는 곳으로서 404 종(種)의 병마(病魔)에 걸립니다. 다음 별처(別處)의 운화무(雲火務)라는 곳은 생전(生前)에 타인(他人)에게 음주강요(飮酒強要)하여 취기(醉氣)에 빠지게 하여 정신(精神)이 없어질때 그 몸에 손을 대어서 소매치기하여서 욕(辱)보인 자(者)가 가는 곳입니다. 지옥(地獄)의 화염(火焰)의 두께는 일천자(壹千尺)나 되며 옥귀졸(獄鬼卒)을 잡아서 그 불꽃속에 걸리게 하면 당장 타버려 죽으면서도 옥귀졸이 "활" "활"라고 소리지르면, 다시 소생(蘇生)하다가 죽기를 반복(反復)하기를 백천만세(百千萬歲)로 걸쳐집니다.

50. 대규환지옥(大叫喚地獄)

제 5 번째의 대규환지옥(大叫喚地獄)은 규환지옥(叫喚地獄) 아래 있읍니다. 살생(殺生) 강도(強盜) 사음(邪淫) 음주(飮酒) 이외(以外)의 망언(妄言) 또는 거짓말 등을 퍼뜨린 죄(罪)를 범(犯)한 자(者)들이 가는 곳입니다. 옥귀졸(獄鬼卒)은 죄수(罪囚)를 가책(苛責)하여 가라사되 『망언(妄言)은 제 1 의 화염(火焰)이므로 큰바다도 태워 버린다. 항차(況且) 망언(妄言)의 화염(火焰)은 사람 태우기를 마른나무 태움과 같다. 알겠느냐』하고 말했읍니다. 여기도 16 개의 별처지옥(別處地獄)이 있읍니다. 수봉고(受鋒苦)라는 곳에는 열철정(熱鐵釘)을 가지고 죄수(罪囚)의 혓바

닥과 구강(口腔)을 찔러서 관통(貫通)시키고 울부짖지도 못하게
합니다. 수무변고(受無邊苦)라는 곳에서는 옥귀졸(獄鬼卒)이 집
게를 들고서 죄수(罪囚)의 혀를 뽑아 버립니다. 뽑아버리면 또다
시 혀가 나오게 되고 뽑아도 뽑아도 혀는 재생(在生)하여 나옵
니다. 이렇게 하기를 영구(永久)하게 계속되고 눈알을 뽑는 것도
같은 방법(方法)으로서 반복(反復)됩니다.

51. 초열지옥(焦熱地獄)

제 6 번째의 초열지옥(焦熱地獄)은 대규환지옥(大叫喚地獄) 아
래 있읍니다. 살생(殺生) 강도(強盜) 사음(邪淫) 음주(飲酒) 망
언(妄言)등 여섯까지 죄를 범(犯)한 뒤에 사견(邪見)에 빠진 자
(者)가 가는 곳입니다. 이 지옥(地獄)에서는 마치 고기를 꽂아서
굽듯이 죄수(罪囚)를 흑철(黑鐵) 적쇠로서 꽂아서 활활 타오르
는 열철(熱鐵) 냄비 위에 뒤적거려가면서 구어서 죽입니다. 그
뜨거움은 지금까지의 죄수(罪囚)들 앞에서 당하여온 지옥(地獄)
의 화염(火焰)은 빙설(氷雪)같이 부러워 합니다.

여기도 16개처의 별처지옥(別處地獄)이 있읍니다. 분다리가(分
茶離迦)라는 곳은 스스로가 굶어 죽어서 천상환생(天上還生)을
소망(所望)하고, 다른 사람에게도 그러한 방법(方法)을 강력(強
力)하게 권유(勸誘)한다는 사견(邪見)에 젖었던 자가 가는 곳입
니다. 그 죄수(罪囚)의 몸전체(全体)가 타버리고 기갈(饑渴)이
심하여 문득 가까운 곳에 못(池)를 보고서 달려가 보니, 그 앞에
는 화염(火焰) 함정(陷井)이 있어서 거기에 빠져서 타버렸다가

소생(蘇生)하기를 거듭(反復)하여 가며 물을 보고서도 마시지
못하기를 여러번 반복(反復)하고서 끝이 없는 것이다.

　암화풍(闇火風)이라는 곳은 죄수(罪囚)가 공간(空間)에서 열
풍(熱風)에 날리어, 허공(虛空)에 떠서 날아다니다가 도풍(刀風)
을 만나서 전신(全身)이 조각조각으로 난도(亂刀)질 당하여 떨
어지면 새로 소생(蘇生)되고, 소생(蘇生)되면 또다시 난도(亂刀)
질 당하기를 반복(反復)하여 갑니다. 이곳은 불법(佛法)을 손상
(損傷)시키고 사견(邪見)에 방랑(放浪)한 자(者)가 가는 곳입니
다. 가령 일체제법(一切諸法)은 상(常)과 무상(無常)이 있읍니다.
이 육신(肉身)은 무상(無常)입니다. 한번 무상(無常)의 바람이
불면 이몸은 원래(元來)의 사대(四大)로 돌아갑니다. 본래(本來)
의 몸은 지수화풍(地水火風)의 사대인연(四大因緣)이 있어서 집
결(集結)된 것이므로 연멸(緣滅)하면 본래(本來)의 사대(四大)로
돌아갑니다. 즉 육신(肉身)은 무상(無常)해도 사대(四大)는 상
(常)이라 하는 사견자(邪見者)는 지옥(地獄)으로 떨어집니다.

　이러한 사전변천(事前變遷)이 매우 어려운 것입니다.

　이점에 대하여 원신화상(源信和尙)은 다음과 같이 훈시(訓示)
하고 있읍니다. 말씀하시기를 『생각하건데, 이 사람이 공리(空理)
를 오해(誤解)하는데 사대(四大)는 원래(元來) 지수화풍(地水火
風)으로서 상(常)이며, 이몸이 사대(四大)로 돌아간다면 목숨이
끊어지고 무상(無常)이 된다. 다만 공(空)이 되어버리고 아무것
도 없어진다고 생각됩니다. 항차(況且) 제법실상(諸法實相)의 취
지(趣旨)와 음양사대리합간(陰陽四大離合間)에 있어서 원래(元
來) 묘리(妙理)가 있었음을 몰랐을까. 모름지기 세상의 승려(僧

焦熱地獄

呂), 속인(俗人)들이 배우거나, 안배우거나, 대중(大衆)을 능가(凌駕)한다 하더라도 아직도 실리(實理)를 아는 이가 없으며, 이는 사견(邪見)과 다름없으며 가장 슬픈 일이다. 삼교(三敎)로 넓게 살펴보더라도 다만 입(口), 귀(耳)에만 그치는 교육이므로 말로만 미구려사(美句麗辭)로서 제법 아는체 하더라도 그 나타나는 행실(行實)을 본다면 나쁜 버릇을 숨길 수 없읍니다. 그러하니, 진위(眞僞)를 분간(分間)키가 힘듭니다. 이러한 사견(邪見)은 불교를 태워버리고 성역(聖域)에만 멀어지고 크고 작은 일이 다 같이 수인감과 (修因感果)의 이치(理致)가 됩니다. 진실로 부탁드리고저 하는 것은 자신의 견해(見解)를 수정(修整)하고 진실한 배움을 향하여 항상(恒常) 희망(希望)과 즐거움을 가지고 빈부귀천우희(貧富貴賤愚喜)에서도 이전에 몰랐던 본연(本然)의 이(理)를 체득(體得)하고서 이러한 사견(邪見)에 빠지지 말고 모든 지옥(地獄)을 두려워하고 쉬지않는 희망을 가져야 합니다.

52. 대초열지옥(大焦熱地獄)

제 7 번째는 대초열지옥(大焦熱地獄)이 초열지옥(焦熱地獄) 아래 있읍니다. 앞서 말한 살생(殺生)과 오죄(五罪)를 범(犯)한 이외(以外)에 청정(淸淨)한 계율(戒律)을 가진 비구니(比丘尼)를 더럽힌 자(者)가 여기에 떨어집니다.

이 지옥(地獄)으로부터의 앞길에는 즉시(卽時)로 고통(苦痛)을 당하지 않읍니다. 운명후(殞命後) 아직도 혼백(魂魄)의 귀착(歸着)되지않는 신심(身心)을 중유(中有)라고 하는데 이 중유기간(中有期間)에 있어서 이 대초열광경(大焦熱光景)이 확실(確實)하게 보입니다. 우선 식도(食刀)를 잡고서 어금니가 튕겨나온 옥귀졸(獄鬼卒)이 죄수(罪囚)의 목을 꽉 졸라 잡고서 끌고 땅속으로 바다속으로 지내기를 36억유순(億由旬)이 지나 비로소 목적하는 대초열지옥(大焦熱地獄)에 도착(到着)합니다. 거기서 염마대왕(閻魔大王)으로부터 여러가지 가책(苛責)을 받은 후(後)에 차차로 전진(前進) 해 나가면 대초열(大焦熱)의 화염(火焰)에서 죄수(罪囚)들의 울부짖고 떠드는 소리가 슬프게 들려옵니다. 이렇게 하여 마침내 따라가던 죄수(罪囚)도 또한 그 화염(火焰)에 빠지게 됩니다.

그때 옥귀졸(獄鬼卒)이 소리높이 사납게 말하기를 『지옥화염(地獄火焰)으로서 너희를 태우기를 장작나무를 태움과 같다. 다만 화염(火焰)이 너희를 태우는 것이 아니고 너희가 저지른 죄업(罪業)을 태운 것이다. 단순히 화염(火焰)은 진화(鎭火)가 되어도 죄업화염(罪業火焰)은 끌 수가 없다.』라고 말합니다. 이렇게 하여 굽혀지는 지옥화염(地獄火焰)은 바늘 구멍만큼도 틈이 없이 타지 않는 곳이 없읍니다.

죄수(罪囚)들은 무량억세(無量億歲)의 긴 세월(歲月)동안 화염중(火焰中)에서 울부짖으며 타고 있읍니다.

이 대초열지옥(大焦熱地獄)에서도 별처지옥(別處地獄)이 있읍니다. 그 중에, 보수일체고뇌(普受一切苦惱)란 곳은 출가계법(出家戒法)을 가진 타인(他人)의 처(妻)를 주색(酒色)으로 유혹(誘惑)하여 그 본심(本心)을 박탈(剝奪)하여, 음욕(淫欲)을 치루었다는 자가 가는 곳이며, 화염도(火焰刀)로써 피육(皮肉)을 난도

(亂刀)질하여서 불속에 태워 버립니다.

53. 무간지옥(無間地獄)

제8번째는 아비지옥(阿鼻地獄) 또는 무간지옥(無間地獄)이라 하여, 대초열지옥(大焦熱地獄) 아래 있읍니다. 욕계(欲界) 끝에 가장 아래층(層)에 자리잡은 나락(奈落)의 지옥(地獄)입니다.

아비(阿鼻)라 함은 범어(梵語)이며, 무간(無間)이라고 번역합니다. 또는 무구지옥(無救地獄)이라고도 합니다. 오역죄(五逆罪)라 하여 부모(父母)를 살해(殺害)하는 것, 모든 승려(僧呂)의 화합(和合)을 파괴(破壞)하고 이간(離間)시키는 것, 출불신혈(出佛身血)이라 하여 삼계(三界)의 독존(獨尊)이신 불타(佛陀)를 손뇌(損惱)시킨것 등등으로 이러한 오역죄(五逆罪)를 범(犯)한 자(者) 또는 정법(正法)을 비방(誹謗)한 자(者)가 가는 곳입니다. 이 무간지옥(無間地獄)에는 각자업보(各自業報)에 따라서 오종(五種)의 무한(無限)한 고통(苦痛)을 당합니다. 제2에는 수고무간(受苦無間)이라고 하여 모든 죄수(罪囚)는 검수도산(劍受刀山) 열탕철집(熱湯鐵汁)등 그 형구(刑具)의 수(數) 그 시행방법(施行方法)등을 전동원(全動員)하여 빠짐없이 계속(繼續)하여 고통을 당하게 됩니다.

제3에는 시무간(時無間)이라고 하여 영구(永久)하게 매일(每日) 고통을 빈틈없이 당합니다. 제4에는 명무간(命無間)이라고 하여 시초 지옥(始初 地獄)에 떨어진 이후(以後) 백천만겁간(百千萬劫間)에 있어서 일주야간(壹晝夜間)에 만사만생(萬死萬生)

을 반복(反復)하여 무간(無間)의 고통을 당합니다. 제 5 에는 형
무간(形無間)이라 하여 수죄중생(受罪衆生)은 생존(生存)하면서
죽음을 당하고 다음 또 소생(蘇生) 사망(死亡)을 반복(反復)하여
그 몸체가 쉴 사이도 없읍니다. 그리고 단지(單只) 한사람의 죄
수(罪囚)일지라도 큰 성내(城內)에 꽉 차서 빈틈도 없어지고, 많
은 수(數)의 죄수(罪囚)일 경우에도 역시 성내(城內)가 꽉 차게
되어서 빈틈이 없다고 합니다.

　그런데 죽은 뒤에 죄수(罪囚)는 중유여로(中有旅路)에 들어설
때 이 무간지옥(無間地獄)의 무서운 양상(樣相)을 보게 됩니다.
그때의 죄수(罪囚)는 울부짖고 슬퍼하면서 시(詩)를 읊습니다.
일체(一切)는 모두가 화염(火焰)이네
허공(虛空)에도 널리 끝이 없네
사각팔방대지(四角八方大地)에도 화염(火焰)아닌곳이 없으며
일체(一切)의 지상(地上)에는 악인(惡人)만 모두 충만(充滿)해서
내가 기다려 볼곳도 없네.
고아(孤兒)와 같이 단지(單只) 한사람의 친구도 없네
어두운 나쁜 장소(場所)속에 있네.
대화염(大火焰)의 소용돌이가 있는 허공(虛空)중에서
나는 또한 일월광채(日月光彩)를 보지 못했다.

　그때 옥귀졸(獄鬼卒)은 노기(怒氣)띠운 꼴로써 소리 사납게
꾸짖었읍니다.『글쎄, 글쎄, 어리석은 자(者)들아, 이미 악업(惡業)
을 범(犯)하고 난 지금와서 무엇이라고 후회(後悔)하느냐. 너희
들이 걸어둔 그물에 스스로가 걸려들었을뿐 아니라, 다른 사람이
모르는 업보(業報)이므로 다른 사람이 또한 너희를 구(救)할 수

있겠느냐. 중유고환(中有苦患)이 있었다해도 너희가 떨어지는 무
간지옥(無間地獄)에 비(比)하면 실로 고통의 대해(大海)에서 물
한말(壹斗)얻는 정도로 생각된다.』

　이러한 선고(宣告)를 받고서 거꾸로 떨어지기를 2천년간(千年
間) 드디어 무간지옥(無間地獄)에 떨어지면 거기에는 칠중(七重)
의 흑철성(黑鐵城)에 칠중(七重)의 흑철망(黑鐵網)이 있읍니다.
성(城)의 주위(周圍)에는 검림(劍林)이 무성(茂盛)하고 있읍니다.
18명의 옥귀졸(獄鬼卒)들은 나찰(羅刹)과 같이, 야차(夜叉)와 같
이 우두(牛頭) 모양으로된 머리에 18개의 뿔이 나고 뿔끝으로
각각 화염(火焰)이 솟구치고 있읍니다. 성내(城內)에는 80개의
가마솥(釜)이 있고 솥속에는 동열탕(銅熱湯)이 끓고 있으며 84000
개의 흑철봉(黑鐵棒)과 대사(大蛇)가 독화염(毒火焰)을 토(吐)하
여 성내(城內)에 충만(充滿)합니다. 모든 욕정(欲情)은 이 가운
데 잡혀있고 고목(枯木)에 기름 붙듯이 가책고(苛責苦)를 당하
고서 타버리게 되며 혹은 열철산(熱鐵山)에 끌려 오르다가 또한
끌려 내려오기를 반복(反復)되고 혀에는 못이 박히고, 구강(口腔)
에 관(管)을 꽂아서 거기에 염열탕(鉛熱湯)을 주입(注入)시킵
니다.

　이렇게 당하는 고통(苦痛)이 잠시도 쉬지않고 계속(繼續)되니
그 고통(苦痛)은 앞서 7개의 대지옥(大地獄)을 하나로 뭉쳐서
천배(千培)로 한것보다도 더욱 심(甚)한 것이므로 죄수(罪囚)들
은 바로 앞의 대초열지옥(大焦熱地獄)을 돌이켜 보고서 타화자
재천(他化自在天)의 기쁨을 본듯이 부럽게 생각합니다. 또한 이
지옥(地獄)의 악취(惡臭)는 단지(單只) 한번 맡으므로서 급사(急

無間地獄

死)하게될 정도로 매우 독(毒) 합니다.

여기서도 여러가지 별처지옥(別處地獄)이 있어서 사찰(寺刹) 승방(僧房)에 방화(放火)한 자(者)가 끌려가는 철야간식소(鐵野干食所)가 있으며, 사찰재산횡령(寺刹財産橫領)한 자가 끌려가는 흑토소(黑吐所)가 있고, 부처님의 공양물(供養物)을 약탈(略奪)하여 갔던 자가 끌려가는 남산취소(南山聚所) 또한 타인(他人)을 갈사함정(渴死陷井)에 떨어뜨린 자(者)가 끌려가는 염파도소(閻婆度所)등이 있으며 기타(其他) 죄상(罪狀)에 따라서 무서운 고통을 당합니다.

54. 아귀도(餓鬼道) 구경

십계중(十界中)에 가장 아래가 지옥(地獄)이며 그 위가 아귀도(餓鬼道)입니다. 생전(生前)에 간탐(慳貪)하여 다른 사람을 미워하고 포시(布施)도 하지않고 깨알만한 물건도 아까와서 모은 자 또는 질투(嫉妬)가 심했던 자(者)가 가는 곳으로서 이 아귀도(餓鬼道)는 염마왕세계(閻魔王世界)에도 있고, 인간계(人間界)와 천인계(天人界)의 중간(中間)에도 있읍니다. 여기에 살고 있는 아귀양상(餓鬼樣相)은 천차만별(千差萬別)이 있으나 역시 인과(因果)의 도리(道理)로서 각자(各自)가 생전(生前)에 범(犯)한 죄(罪)에 따라서 당하는 업고(業苦)가 구별(區別)됩니다. 생전(生前)에 보물(寶物)을 탐(貪)내여서 다른 사람을 태워 죽인자는 호신(獲身)이라는 아귀(餓鬼)가 됩니다. 신장(身長)은 보통 사람의 2배가 되나 그 수족(手足)이 솥(釜)과 같이 되어서 몸체를 태운다고 합니다.

제 2 에는 생전(生前)에 남편만 미식(美食)하고 처자식(妻子息)에게는 주지 않았다든가 혹은 처(妻)만이 미식(美食)하고 남편을 굶긴자(者)는 식토(食吐)라는 아귀(餓鬼)가 됩니다. 이것은 항상(恒常) 가슴이 답답하나 토(吐)하고져 하여도 목이 가늘어서 토(吐)하지 못하고 고생(苦生)합니다.

제 3 에는 생전(生前)에 처자식(妻子息)이나 타인(他人)앞에서 혼자서만 미식(美食)하였던 자(者)로서 이것은 식기아귀(食氣餓鬼)가 됩니다. 이 식기아귀(食氣餓鬼)는 타인(他人)의 음식(飮食) 냄새만 맡고서 살아 갑니다.

제 4 에는 생전(生前)에 명리(名利)를 탐(貪)내서 부정설법(不淨說法)을 한 자(者)는 식법아귀(食法餓鬼)가 됩니다. 험산(嶮山)을 돌아다니면서 식물(食物)을 찾아봤으나 먹을 것을 못 구합니다. 겨우 사찰(寺刹) 독경(讀經)과 설법(說法)을 만나게 되면 그 공덕(功德)을 얻어서 연명(延命)합니다.

제 5 에는 생전(生前)에 술을 팔면서 물을 타거나 부정물(不淨物)을 섞어서 부정음료(不淨飮料)로서 판매(販賣)한 자(者)가 식수아귀(食水餓鬼)가 되는데, 물이 없어서 몸체가 그을려지고 물을 찾아서 떠들썩하게 헤매고 다녀도 이슬마져 구하지 못합니다. 겨우 사람들이 하천(河川)을 건너갈때 발에서 떨어지는 낙수(落水)나 운명(殞命)하신 부모(父母)님께 공양(供養)드린 잔(盞)물을 구하여 연명(延命)합니다.

제 6 에는 생전(生前)에 타인(他人)이 근검저축(勤儉貯蓄)한 재산(財産)을 탐(貪)내여 횡령(橫領)했던 자로 희망(希望)이라는 아귀(餓鬼)가 됩니다. 이 희망아귀(希望餓鬼)는 타인(他人)의 장사공양음식(葬事供養飮食)만으로 연명(延命)합니다. 그 이외의 음식(飮食)을 먹으면 얻어 맞읍니다.

제7에는 생전(生前)에 길가는 사람이 물건(物件) 판매(販賣)하다가 병(病)들어서 피곤(疲困)해진 약점(弱點)을 보고 터무니없는 안가(安價)로서 물건을 구입(物件購入)한 자(者)로서 신선한 나무 그림자나, 하천(河川)을 구하지 못하고 바다를 바라보면서도 목청이 기갈(饑渴)되는 것입니다.

기타(其他) 어떠한 아귀(餓鬼)는 묘지(墓)에서 사신(屍身)을 구어서 겨우 연명(延命)합니다. 이것은 생전(生前) 감옥사령(監獄使令)을 지내면서 죄수(罪囚)들의 음식(飮食)을 횡령(橫領)했던 자입니다.

또한 어떠한 아귀는 나무와 나무사이에 출생(出生)하여 나무사이에 꽂혀져서 고생(苦生)합니다. 이것은 생전(生前)에 삼림(森林), 사찰림(寺刹林)을 도벌(盜伐)했던 자입니다.

또한 어떠한 아귀는 머리카락이 난발(亂髮)이 되어서 몸체를 덮어서 그 털이 칼날같이 몸체를 썰이고 혹은 화염(火焰)으로 돌변(突變)하여 몸체를 태웁니다.

또한 어떠한 아귀는 먹을 것이 없어서 자신의 머리를 파괴하고서 뇌(惱)를 끄집어 내어서 먹읍니다.

또한 어느 아귀(餓鬼)는 입에서 불을 품기면 나방이 날아서 불속에 들어가는 것만 잡아 먹습니다.

또한 어떠한 아귀는 더러운 농즙(濃汁)을 마시고 분토세조수(糞土洗條水)를 먹기도 합니다. 그리고 어느 아귀(餓鬼)는 외부

(外部)의 방해(妨害)로서 식물(食物)을 구하지 못합니다. 그것은 기갈(饑渴)에 허덕이다가 겨우 청량수(淸涼水)를 보고서 마시고 저 하니 굉장히 힘센 옥귀졸(獄鬼卒)이 나타나서 철봉(鐵棒)으로 내리치니 물은 즉시 화염(火焰)으로 변하여 강(江) 바닥이 건조(乾燥)해 버려서 흙만 남습니다.

그리고 또한 신체내부방해(身體內部妨害)로서 식물을 구하지 못한 아귀(餓鬼)가 있읍니다. 그것은 배가 북과 같이 크고 목구멍이 매우 가늘어 음식(飮食)이 먹고 싶어도 넘길수가 없어서 못먹고 기갈(饑渴)이 견딜수없이 심(甚)합니다.

그리고 아무 방해물(妨害物)이 없으나 식욕일념(食欲一念)으로 모처럼 식물(食物)을 구하자마자, 즉시(卽時) 화염(火焰)으로 변해 버립니다. 이것은 망령(亡靈)의 마음속의 욕심(欲心)이 타오르는 것입니다.

이렇게하여 각자(各自)가 생전(生前)에 범(犯)한 죄과업보(罪科業報)를 받읍니다. 아귀도(餓鬼道)의 고통을 당하는 시각은 인간(人間)생활의 일개월을 일주야로 계산(計算)해서 500년의 세월(歲月)로 비교(比較)됩니다.

이 아귀도(餓鬼道)에 빠지지 않기 위해서는 겸양(謙讓)의 덕(德)을 가지고 자신의 과실(過失)을 수정(修整)하면서 도량(度量)을 넓게 가지고 온순(溫順)한 처세(處世)를 하고 타인(他人)의 악(惡)을 책(責)하지 말고 대인관계(對人關係)에는 사랑을 가지고 물건도 포시(布施)한다면 마음씨가 자연히 선량(善良)해지고 절대로 아귀도(餓鬼道)에 떨어지지 않읍니다.

55. 축생도(畜生道) 구경

축생도(畜生道)라 함은 지옥도(地獄道), 아귀도(餓鬼道) 위에 있읍니다. 숙인자(宿因者)가 이 축생도(畜生道)에 어떻게 빠지게 되느냐 하면 대체(大體)로 마음씨와 행실이 옳지 못했으므로 당하는 업보(業報)로서 그 원인(原因)에는 열종(十種)이 있읍니다.

제1에는 몸체를 악(惡)하게 한 것.

제2에는 말씨가 나쁜 것.

제3에는 의지(意志)가 나쁜 것.

제4에는 탐욕(貪欲)이 심한 것.

제5에는 평소(平素) 화를 잘내는 것.

제6에는 바보로써 나쁜짓하는 자.

제7에는 중생(衆生)을 저주하는 자.

제8에는 중생(衆生)에게 고통을 주는 자.

제9에는 부정물품을 포시(布施)한 자.

제10에는 사음(邪淫)을 범(犯)한 자

등등으로서 이상(以上)이 축생도(畜生道)로 가는 죄업(罪業)입니다.

『변의경(辯意經)』에서는 五개의 축생도원인(畜生道原因)이 있읍니다.

제1에는 계(戒)를 범(犯)하고 도적(盜賊)질한 자.

제2에는 차금반제(借金返濟)하지 않는 자.

제3에는 살생(殺生)한 자.

제4에는 설법(說法)을 배척(排斥)한 자.

제 5 에는 사찰법회중(寺刹法會中)에 난동(亂動)을 범(犯)한 자.
이상의 범법자(犯法者)가 가는 곳이라고도 합니다. 이 축생도
(畜生道)를 나누어서 삼종류(三種類)로 합니다. 즉(卽) 주간생활
(晝間生活), 야행생활(夜行生活) 주야겸행생활(晝夜兼行生活)등
이며 이것을 또한 삼부별(三部別)로 나누는데 즉(卽) 수중생활
(水中生活), 육상생활(陸上生活), 공중생활(空中生活)등인데, 금
류(禽類), 수류(獸類), 어패(漁貝) 등을 말합니다.

이 축생도(畜生道)를 방생(傍生)이라고도 합니다. 사족(四足),
이족(二足), 무족(無足) 혹은 다족(多足)으로서 횡행생활(橫行生
活)으로서 옆으로 가는 까닭입니다.

또한 별도(別途)로 편유(偏有)라고 합니다. 사왕천하(四王天下)
의 어느 세계(世界)에도 널리 분포(分布)되어 살고 있읍니다. 그
축생(畜生)이라고 명명(銘命)된 유래(由來)는 어리석어서 자립
(自立)할 수가 없어서 인간(人間)을 위하여 축양(畜養)되는 까닭
입니다. 대장법수(大藏法數)의 설교(設敎)에 의하면 중생(衆生)
이 과거의 어리석음으로 인하여 현재(現在)의 결과(結果)가 되
었으며, 인과순환(因果循環)하여 재생(再生)되었으므로 축생(畜
生)이라고 한다. 십이유경(十二遊經)에 의하면 그 종류(種類)에
는 어류가 6400종, 조류가 4500종, 수류가 2400 종이 있다고 쓰
여 있읍니다. 그런데, 이 축생도(畜生道)의 양상(樣相)을 보면
그 주거지(住居地)가 두군데 있읍니다. 그 근본(根本)은 대해중
(大海中)에 살고 끝에 가서는 인천계(人天界)로 뻗쳐 있읍니다.

이 세계(世界)에서는 여러가지 축생(畜生)이 각자상해심(各自
傷害心)을 가지고 적고 약한 것은 크고 강한 것에 잡아먹히고

약육강식(弱肉強食)으로 생활하여 그 투쟁(鬪爭). 고통이 주야간 (晝夜間) 잠시도 끝이 없읍니다. 그러므로 이 축생도(畜生道)에 사는 자는 항상(恒常) 습격(襲擊) 당할 공포심(恐怖心)이 끝이 없읍니다. 그것도 그러한 것이 수중생활(水中生活)의 축생(畜生) 은 어부(漁夫)에 잡히고, 모든 육상축생(陸上畜生)은 수렵인(狩 獵人)에게 목숨을 빼앗깁니다. 또한 우마(牛馬)는 콧구멍에 흑철 (黑鐵) 고두리를 꽂아서 끌려다니고, 또한 입에 흑철(黑鐵) 자갈 을 꽂아서 무거운 짐을 실고 매질을 당하면서 끌려 다닙니다. 매 맞은 축생(畜生)의 고통은 식수(食水)가 생각나고 공복(空腹)에 풀생각이나도 기갈공복(饑渴空腹)을 참고 지냅니다.

그리고 쪽제비, 쥐, 늑대 등은 어둠속에서 출생(出生)하고 어 둠속에서 죽어갑니다. 이나 벼룩 따위는 사람 몸에서 나고 사람 손에서 죽음을 당합니다. 뱀, 지네 종류는 사람들이 싫어하고 길 다란 몸집으로 벌레 또는 쥐, 개구리등을 잡아 먹읍니다.

이러한 축생(畜生)들은 그 생활상(生活上) 장기간(長期間)에 걸쳐서 무량(無量)의 고통을 당합니다.

56. 수라도(修羅道) 구경

수라도(修羅道)는 축생도(畜生道) 위에 있읍니다. 범어(梵語) 로서는 "아수라"라고 하며, 번역해서 비천(非天) 또는 무단정(無 端正)이라고도 합니다. 그 모습이 흉칙함을 의미(意味)합니다. 또한 무주(無酒)라고도 번역합니다. 숙세(宿世)에 술마시고 실수 (失手)가 많았으므로 금주(禁酒)의 계(戒)를 엄수(嚴守)한다는 것입니다. 이 아수라(阿修羅)는 인도귀신(印道鬼神)의 일종(一種)이나, 인간계(人間界)의 아래 있으며, 전세(前世)에 있어서 오상(五常)의 도(道)를 수득(修得)했읍니다. 따라서 인간계(人間界)에 태생(胎生)되었을 것인데 독선적(獨善的)으로 거만하고 분노(憤怒) 시의심(猜疑心)이 강했으므로 수라도(修羅道)로 떨어졌다고 합니다.

그 주거지(住居地)가 두군데 있읍니다. 근본(根本)이 좋은 것은 수미산 암굴중(須彌山岩窟中)에, 또는 큰 바다 밑바닥에 있으면서 후세전락(後世轉落)된 허약(虛弱)한 것은 인계산악중(人界山岳中)에 있어서 항상(恒常) 불선(不善)의 쾌락(快樂)을 즐깁니다. 또한 제석천(帝釋天) 기타 제천(諸天)과 싸워서 참패(慘敗)당하여 신체가 파괴(破壞)되고 참사(慘死)당합니다. 항상(恒常) 심신(心身)이 불안정(不安定)하여 매일(每日) 검투(劍鬪)에 위협(威脅)을 느끼고 전장(戰場)에 쫓아 다닙니다. 이 전장(戰場)이란 것은 원래(元來) 수라도(修羅道)에는 미녀(美女)가 없읍니다. 그래서 서로가 부족(不足)한 것을 쟁탈(爭奪)하고저 하므로 싸움이 그칠날이 없다고 합니다.

이렇게 하여 한번 전투(戰鬪)가 시작(始作)되면 제천(諸天)의 총공격(總攻擊)으로 소란하고 불안(不安)하여서 매일(每日) 야간(夜間) 3회 주간(晝間) 3회는 격전(激戰)이 벌어져서 서로가 칼질하고 치고하여 피육골수(皮肉骨髓)의 유혈(流血)이 낭자하고 찢어지고 하는 싸움을 만겁(萬劫)이나 반복(反復)하여갑니다.

수라도(修羅道)의 수령(首領)은 아수라왕(阿修羅王)이라고 합니다. 우리 인간계(人間界)에 있어도 타인(他人)과 화목(和睦)하지 않고 반드시 싸웁니다. 그래서 평안(平安)할 날이 없고 바쁘고 불안(不安)한 나날을 보내는 사람이 보이는데 이들은 수라도(修羅道)에 태생(胎生)함이 잘못된 것으로 생각됩니다.

57. 인간계(人間界) 구경

인계(人界)라 함은 오계(五界)을 수득(修得)한 자가 출생(出生)하는 것입니다. 일상생활(日常生活)에서 우리들이 친근(親近)하게 보고 느낄수 있는 세계이므로 다른 구계(九界)의 상(相)과는 달라서 누구든지 잘 알아볼 수 있는 것입니다. 태양계(太陽系)에는 수, 금, 지, 화, 목, 토(水, 金, 地, 火, 木, 土), 천왕(天王), 해왕(海王)등 여러별이 있으며, 이중 지구(地球)의 현상(現象)을 보고 다른 별들이 실재실상(實在實相)을 상상(想像)해서 알아볼 수 있듯이 인계(人界)가 있으므로 지옥(地獄)이나 축생(畜生界) 기타(其他)의 존재(存在)도 상상(想像)되는 것입니다.

인계(人界)에서는 3종의 상(相)이 있읍니다. 제 1 이 부정(不淨)의 상(相), 제 2 가 고환(苦患)의 상(相), 제 3 이 무상(無常)의 상(相)입니다.

58. 부정(不淨)의 상(相)

사람 몸체에는 360개의 뼈, 107개의 관절, 8만의 털구멍, 칠중(七重)의 피육(皮肉)등이 있어서 6개의 연결(連結)을 가지고 기르는 오근(五根)의 몸체에는 부정(不淨)한 곳이 많읍니다. 아무리 산해진미(山海珍味)를 먹었다고 하여도 하루밤 사이에 분뇨(糞尿)가 되어서 악취(惡臭)가 심(甚)하고 아무리 세조(洗條)한다 하더라도 청결(淸潔)하게 하기가 힘듭니다.

지분(脂紛) 치장이 꽃과 같이 아름답다 하여도 반드시 내부(內部)에는 부정(不淨)이 섞여있는 일은 마치 칠보병(七寶瓶)속에 분뇨(糞尿)를 넣어둔것 같읍니다. 현자(賢者)는 그 실상(實相)을 알 수 있으나, 우자(愚者)는 피상용색(皮相容色)만으로 심취(心醉)하여 내부(內部)의 부정양상(不淨樣相)을 모릅니다.

만약 사람이 운명(殞命)하고 나면 즉시(卽時) 부패(腐敗)하기 시작(始作)하여 사람들은 그 악취(惡臭)를 기절(氣絶)할 정도(程度)로 싫어합니다.

드디어 백골(白骨)이 되어서 세월(歲月)이 지나면 수족(手足)이 떨어지고 우로(雨路)의 매듭이 되어서 흙으로 변(變)합니다.

그래서 백낙천(白樂天)의 시(詩)에서는

『서시(西施)의 안색(顔色) 지금(只今) 어디 있을까 백골(白骨)로 변했네.

드디어 교외(郊外)에서 썩어버렸다.

진실(眞實)로 알지어다. 이몸은 항상(恒常) 부정(不淨)하도다.

사랑하는 남녀(男女) 모두가 이와 같다.

누군가가 안다면 더욱 애착(愛着)을 가지겠느냐』

라고 쓰여 있읍니다.

지관(止觀)에는

『아직도 이러한 꼴을 보지 못했으며

사랑함이 매우 강열하다.

만약에 이 꼴을 봤다면

욕심(慾心)이 사라지고 아득하게 참을 수 없네.

가령 분뇨(糞尿)를 보기전에는 매시꼬은 것과 같다.』

사람들은 이러한 것을 생각하지 않고 홍분(紅粉)에 유혹(誘惑)되고, 포옹(抱擁) 음락(淫樂)에 끝이 없는 것은 화상(化相)만 보고서 실상(實相)을 몰랐던 까닭입니다.

59. 고환(苦患)의 상(相)

제2에는 인도(人道)에는 고환(苦患)의 상(相)이라는 것이 있읍니다. 이것은 출생후(出生後)부터 항상(恒常) 고뇌(苦惱)를 받읍니다. 우선 출생(出生)하면 손으로 받쳐서 옷을 입히고 안읍니다. 여름에는 더움으로 겨울은 추움으로 대고뇌(大苦惱)를 받읍니다. 이것은 살아있는 소가죽(牛皮)을 벗겨서 돌담에 대는 듯한 느낌입니다.

보적경(寶積經)에 의하면 장성하고서는 또한 두가지의 고뇌(苦惱)가 있읍니다. 위로는 눈, 귀, 코로부터 아래는 발끝까지 걸쳐서 여러가지 병(病)에 시달리게 되어 404종의 병(病)에 시달립니다. 이것을 내고(內苦)라고 합니다. 또한 감옥(監獄)에 감금(監禁)되어서 여러가지로 취조(取調) 받기도 하고 나돌아 다니다가, 악충독사류(惡虫毒蛇類)에게 물리기도 하고 풍우(風雨) 한열(寒熱) 상설(霜雪) 기아(饑餓)등등으로 행주좌와중(行住坐臥中)에 항상(恒常) 여러가지 고뇌(苦惱)가 닥쳐와서 잠시도 마음 놓을 수가 없읍니다. 이것을 외고라고 합니다.

60. 무상(無常)의 상(相)

제 3 에는 무상(無常)의 상(相)이란 것이 있읍니다. 열반경(涅槃經)에서는 사람의 목숨은 잠시도 쉬지않고 유수(流水)보다도 빠르게 지나간다. 오늘까지 살았다고 하여도 내일이 어떨지 모르는 것이라고 합니다. 출요경(出曜經)에서는 『오늘이 이미 지났으며 목숨도 이에 따라 지나는 것이며, 목숨이 감소(減少)됨이 말발굽 마멸(摩滅)됨과 같으며, 고인물에 살고있는 고기 생명보다도 서글픈 것이다. 그러하니 무엇이 즐거우랴』라고 쓰여 있읍니다.

마야경(摩耶經)에는 『가령 선다라의 소를 끌고 도살장(屠殺場)에 갈때 한발자욱이 다가올수록 사지(死地)에 들어서는듯 사람의 목숨도 이러한 모양입니다.』

비록 수명장수(壽命長壽)의 업(業)을 이루어서 자손(子孫)이 모두 입신출세(立身出世)하여 오늘은 이 자식(子息)에 놀러가고 내일은 저 자식(子息) 집으로 놀러다니며 매우 소중(所重)한 대접받아서 타인(他人)이 부러워한다 하더라도 물론(勿論) 이것은 무상(無常)의 전례(前例)이며, 혹(或) 자손중(子孫中)에서 그동안 운명(殞命)해 버리면 자신이 너무 장수(長壽)함을 한탄(恨嘆)하고 앞서 죽은 손자(孫子)를 생각하여 눈물흘립니다.

드디어 체력(體力)이 노쇠(老衰)하여 무상(無常)을 면(免)치 못하게 됩니다. 설혹 그 부귀가 가문(家門)을 윤택하게 하였다 하더라도 대경(大經)의 게(偈)에 명시되어 있듯이 모름지기 세상(世上)에 생존(生存)하는 자(者)는 모두가 죽음에 귀결(歸結)

하는 것입니다.

번성(繁盛)했던 자는 반드시 쇠퇴(衰退)하고 상봉(相逢)하는 자는 반드시 이별(離別)하며, 성년기청춘(成年期靑春)이 오래 머물지 않고 드디어 아름다웠던 몸체도 병(病)들며 목숨도 죽음속에 사라집니다.

법(法)으로서 모두가 무상한 것입니다.

죄업응보경(罪業應報經)에서는 물은 항상(恒常) 바다에 꽉차지 않고, 화염(火焰)이 오랫동안 타지 못하고, 해가 뜨고서 얼마간 지나서 넘어가면 만월(滿月)도 얼마 안가서 사라지고, 위개(位階)가 높은 사람도 무상이 빠르게 와서 오래 머물지 못합니다. 그 옛날 선인(仙人)이 될때는 바람 구름을 타고 자유자재(自由自在)로 비행유락(飛行遊樂)합니다. 그리고 이 선경(仙境)에는 사절(四節)동안 계속(繼續)해서 꽃이 만발하여 사방(四方)의 산(山)이 향기충만(香氣充滿)하고 수명(壽命)은 五백년 이라는 장기간(長期間)을 유지합니다. 더구나 이 세상(世上)이 전멸(全滅)되어서 하늘과 땅이 찰흙바다같이 되어서 천지개벽(天地開闢)이 되기를 7회(回)나 봤다는 선인(仙人)도 결국(結局)은 무상(無常)을 벗어날 수가 없읍니다. 소용(所用)없이 그 선경(仙境)을 즐거워해도 불도(佛道)를 소망(所望)하지 않으면 당장 명도(冥道)가 어두워지고 이 육도(六道)로 재차(再次) 돌아갑니다. 다만 오직 불타(佛陀)의 가르침에 따라서 수행(修行)하며 상락(常樂)의 과보(果報)를 구하여야 합니다. 지관(止觀)에의 무상(無常)의 살귀(殺鬼)는 귀인현인(貴人賢人)을 가리지 않는다고 합니다.

이몸이 매우 위험하여서 약(弱)하기가 꽃에 떨어지는 이슬과 같읍니다.

태산(泰山)과 같이 쌓아둔 금은재보(金銀財寶)도 가져갈 수가 없으며 혼자서 명도(冥途)로 가서 어두운 중유여로(中有旅路)를 지나야 합니다. 그 무상(無常)함은 유수(流水) 혹은 태풍(台風) 번들개 보다도 빠릅니다. 또한 이 무상(無常)의 바람은 산(山), 바다, 허공(虛空), 시장(市場) 등등 어디로 숨는다 하여도 피(避)할 길이 없읍니다. 육진육욕(六塵六欲)에 도취(陶醉)된다 하여도 아무소용이 없읍니다. 인계(人界)의 무상(無常)은 위와같이 매우 근심거리 입니다.

61. 천계구경(天界求景)

오계(五界)를 수득(修得)한 자(者)는 인계(人界)에 환생(還生)되나 더욱 세상의 선정(禪定) 또는 십선계(十善戒)를 수득(修得)한 자(者)는 천계(天界)에 환생(還生)됩니다.

변의장자자경(辯意長者子經)에 의하면 이 천도환생(天道還生)에는 5개의 원인(原因)이 있읍니다.

제 1 에는 자비심(慈悲心)이 많고 생물(生物)의 수명(壽命)을 길러서 중생(衆生)에게 평안(平安)함을 베푸는 것.

제 2 에는 현량(賢良)하여 도적(盜賊)질 하지 않고 포시(布施)하고 탐욕(貪欲)하지 않고 궁핍(窮乏)을 구제(救濟)할 것.

제 3 에는 정결(貞潔)하고 남녀간(男女間)의 계율엄수(戒律嚴守)할 것.

제 4 에는 성실(誠實)하고 속임수가 없어야 할 것.

제5에는 금주(禁酒)하고 언행(言行)을 단정하게 할 것.

등등을 실행(實行)하는 자(者)가 천계(天界)에 환생(還生)합니다.

그런데 천계(天界)는 육도(六道)의 최고위치(最高位置)에 있는 것으로 욕계(欲界), 색계(色界) 무색계(無色界)의 삼단(三段)으로 나누어져 있읍니다. 이것을 삼계(三界)라고 합니다.

이 무색계(無色界)의 최고소(最高所)가 비상비비상처(悲想非非想處)라고 하므로 유정천(有頂天)의 높이는 실(實)로 삼계(三界)의 최고지점(最高地點)이기는 하나, 그것은 혼미세계(混迷世界)의 최고지점(最高地點)이고 아직도 해탈경계(解脫境界)는 아닙니다. 그러므로 법화경(法華經)에서도 삼계(三界)는 평안(平安)하지 않고 아직도 화염댁(火焰宅)과 같다고 합니다.

이 삼계중(三界中)에서 욕계(欲界)가 육천(六天) 색계(色界)가 사선십칠천(四禪十七天), 무색계(無色界)가 사천(四天)으로 구성(構成)되어 있읍니다. 총칭(總稱)하여서 천계(天界)라고도 합니다. 범어(梵語)의 제파(提婆)는 번역되어 천(天)이 되고 광명(光明)이라는 의미(意味)입니다.

욕계(欲界) 사천왕(四天王)과 도리(切利)위 이천(二天)은 수미산(須彌山), 칠금산(七金山)의 중복(中服)에 있으며 다른 제천(諸天)은 허공(虛空)의 밀운중(密雲中)에 있으며 오풍(五風)으로서 지탱되고 있읍니다.

인계(人界)의 수명(壽命)은 50년(현대는 70년으로 연장됨)이라고 정(定)해지고 있으나 이 천도(天道)에 환생(還生)되면 5백년의 수(壽)를 누릴 수 있읍니다. 또한 천계(天界)에는 네가지의 궁전(窮殿)과 의, 식, 주, 가무, 음악 등(衣, 食, 住, 歌舞, 音樂 等)의 모든 하늘의 교묘(巧妙)한 즐거움이 오욕(五欲)을 충족(充足)시켜줍니다. 무엇이든지 부자유(不自由)함이 없읍니다. 여기에 환생(還生)된 천인(天人)은 항상(恒常) 허공(虛空)을 달리고 기악(伎樂)으로서 형락(亨樂)을 즐기며, 천화(天花)를 뿌리면서 놀고지냅니다. 그래서 비천(飛天), 또는 낙천(樂天)이라고도 합니다. 그 모습은 가능빈가의 조류(鳥類)와도 비슷하고 묘(妙)한 우의(羽衣)를 감고서 환희환락(歡喜歡樂)그대로의 모습입니다. 이렇게 하여 무엇이든지 부족부자유(不足不自由)하는것도 없이 그 생활이 환락(歡樂) 그 자체이기는 하나 역시 유정(有情)임을 면(免)치 못 합니다.

아직도 슬프게도 수명(壽命)이 있읍니다. 가령 5백년의 장구(長久)한 기간(期間)을 살았다고 하여도 임종기(臨終期)를 당하면 조석(朝夕)으로 죽어가는 벌레와도 같읍니다.

즉 천상(天上)은 즐거움만 있고서 고통(苦痛)이 없으므로 불타(佛陀)의 설법(說法)을 깨닫지 못합니다. 회오(悔悟)의 대안(對岸)으로 가는 일이 없으므로 결국(結局)은 생사고(生死苦)에 민절(悶絶)하게 됩니다.

62. 천인(天人)의 오쇠(五衰)

그래서 임종(臨終)이 가까와지면 천인(天人)의 오쇠(五衰)라고 하여 5개의 쇠상(衰相)이 나타납니다. 이것은 소쇠(小衰) 대쇠(大衰) 두 가지가 있읍니다. 소쇠(小衰)의 제 1 번째는 비애(非

천인계(天人界)의 오쇠(五衰)

천인(天人)도 오백세(五百歲)의 수명(壽命)이 다하면 오쇠(五衰)가 오는 것이다.

124

愛)의 소리를 냅니다. 제2번째는 자신의 광명(光明)이 없어집니다. 제3에는 목욕(沐浴)하면 물방울이 붙여집니다. 제4에는 본성(本性)이 머물지 않고 융통무의(融通無凝)이었으나 지금(只今)은 한자리에 고착(固着)하게 됩니다. 제5에는 맑고 조용한 눈매가 가끔 움직이게 됩니다.

이 오상(五裳)에 나타난 후(後)에 또다시 다섯가지의 대쇠상(大衰相)이 나타납니다. 제1에는 청결하던 천우의(天羽衣)가 더러워집니다. 제2에는 화관(花冠)이 오무러집니다. 제3에는 겨드랑에서 땀이 납니다. 제4에는 몸에서 냄새가 납니다. 제5에는 이때까지 즐겨놀던 본좌석(本坐席)이 즐겁지 않고 다른곳에 좋은곳이 없을까 하고 옮겨다닙니다. 그런데 이때까지 친하게 함께 놀던 여러 천인(天人)들은 이 오쇠(五衰)가 나타나면 모두가 피(避)해 가고서 돌아보지도 않읍니다.

이러할때 이 천인(天人)은 풀밭에 누워서 탄식(嘆息)하기를 『모든 천녀(天女)들이여 나는 이때까지 그대들을 그렇게 사랑해 왔는데 지금 어찌하여 내 신세(身勢)가 이렇게 풀밭에 버림받아야 합니까?

지금은 백옥보석(白玉寶石)에 앉을 마음도 없고 맑은 물에 목욕(沐浴)할 생각도 없으며 네가지의 감로수(甘露水)를 먹어서 무엇을 하겠읍니까? 오묘음악(五妙音樂)도 즐거움이 안되며 슬프다 어째서 이러한 고생(苦生)을 만났을까? 원(願)하옵건데 자비(慈悲)를 베풀어 주시어 지금(只今) 약간이라도 살아서 또다시 그 즐거운 생활(生活)을 이룩할 수 있도록 소망(所望)합니다. 함부로 마두산, 발초해(馬頭山, 拔焦海)등에 밀어넣지 말기 바랍니다.』라고 매우 슬프고 불쌍하게 탄식(嘆息)했으나 아무도 하나 구조(救助)하여 주지 않읍니다. 이 고통(苦痛)은 지옥(地獄)보다도 심하고 천상계(天上界)에서 떠나는 대고뇌(大苦惱)는 지옥고통(地獄苦痛)에 비(比)하여 더욱 16 배의 심(甚)한 고통(苦痛)입니다.

천녀권족(天女眷族)들은 이렇게 하여 죽어가는 천상인(天上人)을 가을에 버리는 부채(扇)같이 버리고 다시 새로운 덕혜(德慧)로서 천상인(天上人)에 환생(還生)해온 자를 맞이하여 즐겁게 생활(生活)해 갑니다.

이러한 천상계(天上界)의 고통(苦痛)은 색계(色界), 무색계(無色界)에서도 반복(反復)되며 비비상천상(非非相天上)까지도 아비(阿鼻)의 업보(業報)를 피(避)할 수 없읍니다.

그러므로 천상계(天上界)의 즐거움도 좋지않고 결국(結局)은 단말마(斷末魔)의 고통(苦痛)으로서 끝매듭 지웁니다.

생사윤회(生死輪廻)에 걸려들게 되니 도리(道理)없는 일이며 육도중(六道中)에서 어떤 것이 틀린단 말이냐!

우리가 소망(所望)하는 것은 생사(生死)를 해탈(解脱)시킨 서방정토(西方淨土)가 목적입니다.

63. 육도윤회(六道輪廻)

그런데 이때까지 지내온 지옥(地獄), 아귀(餓鬼), 축생(畜生), 수라(修羅), 인간(人間), 천상(天上)의 육도(六道)는 각각(各各) 받는 업과(業果)의 경중(輕重)이 있다해도 모두가 혼미세계(混

迷世界)이며 생사(生死)의 세계(世界)입니다.

자세(仔細)하게 이 육도세계(六道世界)를 전부(全部)살펴보면 생사(生死)의 대해(大海)에 빠지기가 아직도 지옥사산(地獄四山)으로서 가로막는다 해도 피(避)할 길이 없듯이 무상(無相)함을 진실(眞實)하게 느끼고 기쁘지 않은 일을 기쁘게 생각하는 깊은 오욕(五欲)에 탐착(貪着)해서 고민(苦憫)합니다.

그러므로 정법염경(正法念經)에서도 지자(智者)는 항상(恒常) 근심이 끊어지지 않고 옥중(獄中)에 수감(收監)된 죄수(罪囚)의 심중(心中)과 비슷합니다. 우인(愚人)은 항상(恒常), 환락(歡樂)에 젖어서 광음천(光音天)과 같다고 합니다. 광음천(光音天)이라 함은 색계(色界)의 제이선(第二禪)의 종천(終天)에 있으므로 대화재(大畫材)로써 색계(色界)의 초선천(初禪天)까지 파괴(破壞)될때는 하계(下界)의 중생(衆生)은 모두가 이 광음천(光音天)에 집합(集合)해서 세계(世界)가 재건(再建)되기를 기다리는 것이므로 인접(隣接)까지 불티가 날아와서 소란(騷亂)해지는 광경(光景)이기도 합니다. 진실(眞實)로 사바세계(娑婆世界)는 옥중(獄中)이며, 극락(極樂)이야말로 행복(幸福)의 본국(本國)입니다. 그러므로 빨리 이 옥중(獄中)을 탈출(脫出)해서 그 본국(本國)으로 피(避)하여 가라는 가르침이십니다.

실적경(實積經)의 게(偈)에는 여러가지 악업(惡業)을 저질러서 재물(財物)을 구(求)하고서 처자식(妻, 子, 息)을 부양(扶養)하면서 즐겁게 살았다 하더라도 임종(臨終)때 단말마(斷末魔)의 고통이 와도 이것을 처자식(妻, 子, 息)이 구조(救助)할 수가 없읍니다. 더구나 삼도(三途)의 무서운 고통을 당하는 것은 전혀 알지 못하므로 일단 죽어버리면 부모(父母), 형제(兄弟), 친구, 노비(奴婢), 재산(財産)이 하나도 따르지 않으며 다만 악업(惡業)의 업보(業報)만 남아있읍니다.

염마대왕(閻魔大王)은 죄수(罪囚)에게 선고(宣告)하시기를 『나는 약간의 죄상(罪狀)이라도 너희에게 중벌(重罰)을 주지 않는다 다만 너희자신의 죄업(罪業)으로서 여기에 온것이다. 업보(業報)는 스스로가 받은 것이므로 다른 도리(道理)가 없다. 부모(父母), 처자(妻子)도 구(救)할 수 없고 다만 자신이 출리(出離)의 인(因)을 기다려야 한다.』

이렇게 전개(展開)하여 가면서 악업(惡業)을 저질러 고통(苦痛)을 받고 다시 소생(蘇生)하고서 또다시 죽음의 길로 반복(反復)하는 윤전(輪轉)이 끝이 없읍니다. 이것을 육도윤회(六道輪廻)라고 합니다. 금세(今世)에 있어서 불도수행(佛道修行)이 안되면 내세(來世)에 있어서도 또한 고업(苦業)의 윤회(輪廻)가 있읍니다. 다만 무량생사중(無量生死中)에서도 인간태생(人間胎生)이 매우 어렵습니다. 인간태생(人間胎生)이 된다 하더라도 제근(諸根)을 구비(具備)할 수가 없으며 설혹 제근(諸根)이 구비(具備)된다 하더라도 불교(佛教)를 만나기 힘듭니다.

또한 불교(佛教)를 만난다 하더라도 신심(信心)을 가지기가 힘듭니다.

그러므로 인간(人間)으로 태생(胎生)되기도 손톱때와 같이 적고, 삼도강(三途江)으로 떨어지는 일은 십방전토(十方全土)와 같이 많습니다.

그런데 우리들은 어려운 인간(人間)으로 태생(胎生)하여 만나기 어려운 불교(佛敎)를 만났으니 이 고해(苦海)를 떠나서 정토 왕생소망(淨土往生所望)은 실(實)로 금생(今生)의 수행(修行)에 있읍니다. 그럼에도 우리들은 백발(白髮)이 되어 오도록 속진(俗塵)에 미련(未練)을 두고서 생애(生涯)가 끝나도 그 희망(希望)을 버리지 않고 있다가 혼자서 황천(黃泉)길에 들어서면 드디어 맹화(猛火)속으로 떨어지면 그때 하늘을 부르고, 땅을 치더라도 소용(所用)이 없는 것이다.

원(願)하옵건데 모든 행자(行者)들은 빨리 압리심(壓離心)을 일으키고 빨리 출리(出離)의 길에 따라야 합니다.

모처럼 보물산(寶物山)에 들어가서 그냥 들어오지 말라고 가르침을 받는 것입니다. 중생(衆生)이 악(惡)을 저지르고 즉시 업보(卽時業報)를 받는 수가 있으며, 또한 업보(業報)가 나타나지 않을수도 있읍니다. 반드시 도화(刀火)가 떨어져서 고통당하는 일이 없다고 하여도 임종(臨終)이 되면 죄상(罪相)이 들어납니다. 그다음에는 지옥(地獄)으로 떨어져서 여러가지 업보(業報)를 당하게 됩니다.

그래서 여래(如來)의 금언(金言)에는 신심(信心) 지계(持戒) 다문(多聞), 지혜(智慧), 참괴(慚愧), 불방일(不放逸)등은 이것을 성재(聖財)라고 명명(銘命)하여 비(比)할 수 없는 진실(眞實)한 보물(寶物)이라고 합니다. 세상(世上)의 그 어느것 보다도 으뜸 가는 보물(寶物)입니다. 부족(不足)함을 안다면 빈곤(貧困)도 부(富)로 봐야합니다. 재보(財寶)가 많으면 많을수록 보관(保管) 이식(利殖) 늘이기 등의 근심이 수없이 많고, 논어(論語)에는 도(道)에 입지(立知)하고서도 악의악식(惡衣惡食)을 부끄러워함은 아직도 도(道)에 들어서지 못한 것이라고 합니다.

금강경(金剛經)에는 일체유위(一切有爲)의 법(法)은 몽환포영 (夢幻泡影)과 같이 또는 이슬과 같이 혹은 번들개와 같은 것이 라고 했읍니다. 대경(大經)의 게(偈)에는 제행무상(諸行無常) 시 생멸법(是生滅法) 생멸멸기(生滅滅己) 적멸위락(寂滅爲樂)이라 고 했읍니다.

대장엄론(大莊嚴論)의 관진계념(觀進繫念)의 게(偈)에는 임종 시(臨終時)의 각오(覺悟)에 대하여 말씀하시기를 청춘기(靑春期) 지기왕성(志氣旺盛)할때 불타수행(佛陀修行)을 게을리하고 수행 (修行)하지 않으며 모든 세속탐욕(世俗貪欲)에만 전념(專念)하 여 포시(布施)와 지계(持戒)와 선정(禪定)을 수행(修行)하지 않 으면 임종(臨終)때 가서 놀라 회개(悔改)하고 선행(善行)을   하 고져 하여도 소용(所用)이 없읍니다.

지자(智者)는 항상관념(恒常觀念)에서 오욕(五欲)의 상(想)을 절단(切斷)해 버려야 하며 자세(仔細)하게 수행려행(修行勵行) 하며 마음의 수양(修養)이 된 자는 임종(臨終)때도 후회(後悔)없 이 마음이 이미 극락왕생(極樂往生)길에 접어들었으니 착란(錯 亂)되는 일이 없읍니다. 수행준비(修行準備)가 없으면 임종시(臨 終時)에는 심(甚)한 착란(錯亂)이 옵니다. 육도압상(六道壓相)은 대체로 이러하니 평소부터 수행(修行)하여 안양정토왕생(安養淨 土往生)을 빕니다.

64. 극락구경(極樂求景)

고집멸도(苦集滅道) 사제(四諦)의 법문(法門)을 수행(修行)하여 성문(聲聞)이 되어서 십이인연(十二因緣)의 관법(觀法)을 수행(修行)하고서 보살승(菩薩僧)으로 들어선자는 극락(極樂)에 환생(還生) 되어서 불과(佛果)에 오를 수 있읍니다. 이하로 그 극락양상(極樂樣相)을 소개(紹介)합니다.

65. 성중내영(聖衆來迎)의 기쁨

모름지기 악업(惡業)에 젖은 사람은 임종(臨終)때 풍화(風火)가 나가버립니다. 풍(風)과 화(火)는 그 성(性)이며 움직임을 다스린 것이므로 임종(臨終)때는 요란하고 바쁘게 되어서 단말마(斷末魔)가 큰것입니다. 선행(善行)이 쌓여있고 착한 마음씨를 가진 사람의 임종(臨終)때는 지(地)와 수(水)가 나갑니다. 지(地)와 수(水)는 그 성(性)이 부드러우므로서 몸체가 부드럽고 조용하고 단말마(斷末魔)가 없읍니다.

항차(況且) 염불공덕(念佛功德)이 많고 신심(信心)이 두터운 사람의 임종(臨終)때는 마음속으로 스스로 커다란 기쁨이옵니다. 그래서 미타여래(彌陀如來)의 본원(本願)에 의하여 25분의 보살(菩薩)과 백천(百千)의 비구중(比丘衆)이 임종(臨終)때 찾아와서 극락(極樂)으로 영접(迎接)합니다. 서쪽(西側) 하늘에는 서운(瑞雲)이 깔리고 꽃잎이 비같이 쏟아지고, 방향(芳香)이 천지(天地)에 가득하며 음악(音樂)소리도 청아(淸雅)하게 들리고 금색광채

(金色光彩)가 임종(臨終) 몸체에 다가 옵니다. 이 때 대비관세음보살(大悲觀世音菩薩)은 백복장엄(百福莊嚴)한 어수(御手)를 내밀고서 보물연대(寶物蓮臺)를 가지시고 임종행자(臨終行者)앞에 나타나시어 대세지보살(大勢至菩薩)은 무량(無量)의 여러분과 같은 음성(音聲)으로서 『너희는 착하고 좋으며 다념(多念)의 마음씨가 가득하여 악(惡)을 개조(改造)하고서 선(善)을 수행(修行)하고 자비정직(慈悲正直)을 항상(恒常) 가지고 칭명염불(稱名念佛)을 의심(疑心)하지 않고 신심(信心)이 오장(五臟)에 명심(銘心)하여 본원(本願)의 지성(至誠)을 다하였으므로 지금 여기에 내영(來迎)을 받는 것이다.』하시면서 머리를 쓰다듬으며 칭찬(稱讚)하시고 친(親)히 손목을 잡으시고서 영접(迎接)하여 갑니다.

임종행자(臨終行者)는 이때 비로소 아미타여래(阿彌陀如來)를 우러러 봅니다. 그래서 마음이 기쁘기 한량없고 심신평안(心身平安)함이 선정중(禪定中)인 듯하는 기분(氣分)입니다. 즉(卽) 중생(衆生)이 사바(娑婆)와 인연(因緣)이 끊어지고 장사(葬事)지낼 때 까지는 이 보물연대(寶物蓮臺)로서 운반합니다. 이렇게 하여 아미타여래(阿彌陀如來)의 뒤로 따라서 보살성중중(菩薩聖衆中)에 섞여서 다만 일념(一念)으로서 서방십만억토(西方十萬億土)인 극락세계(極樂世界)에 전생(轉生)합니다.

도리천(切利天)의 행복(幸福)이라든가 대범왕궁(大梵王宮)의 행복이란 것도 이 과보(果報)와는 비교(比較)도 안됩니다. 그들은 과보(果報)가 끝나면 또다시 삼악도(三惡道)로 떨어지게 되나, 지금 이 행자(行者)는 황송하옵게도 관세음보살(觀世音菩薩)님이 손수 인도(引導)하시여 연대(蓮臺)에 기숙(寄宿)하여 영원

(永遠)히 생사고해(生死苦海)를 초월(超越)하고서 비로소 정토(淨土)에 왕생(往生)하게 됩니다.

그러므로 용수보살(龍樹菩薩)의 게(偈)에도 아래와 같은 구절(句節)이 있읍니다. 만약 사람이 임종(臨終)하고서 그 나라에 전생(轉生)할 수 있는자는 즉 무량(無量)의 덕(德)을 구비(具備)하고 있는 것이다. 그러므로 우리들은 다만 수명(壽命)을 아미타불(阿彌陀佛)에게 바쳐서 정토왕생(淨土往生)을 기원(祈願)드리는 바이다 라고 쓰여있읍니다.

66. 연화시초개화(蓮花始初開花)의 기쁨

그래서 행자(行者)가 극락세계(極樂世界)에 전생(轉生)하면 연화(蓮花)는 비로소 개화(開花)합니다. 그때의 환락(歡樂)은 매우 기쁘고, 마치 맹인(盲人)이 시초(始初) 눈뜬것과 같은 것이며 거지가 왕궁(王宮)에 들어와 왕자(王者)가 되는 기쁨에 비할 수 있읍니다. 여기까지 와서 자신의 몸체를 바라보니 시마황금색(柴摩黃金色) 살결이 되어 있읍니다. 그 위에다가 자연(自然)의 보물의상(寶物衣裳)을 입게되고 황금(黃金)의 팔찌, 비취비녀, 옥영락(玉瓔珞) 등등으로 분수(分數)에 넘치는 영화(榮華)에 둘러싸여 있읍니다. 사바(娑婆) 임종(臨終)때, 감은 눈동자가 어느듯 청정(淸淨)한 불안(佛眼)으로 바뀌어지고, 눈에 광명(光明)이 비치고, 귀(耳)도 모든 법문(法文)을 들을 수 있읍니다. 모두가 물정(物情)에 스치고 소리에 스치고 하는것이 불가사의하면서 친귀하지 않은것이 없읍니다. 눈을 뜨고 바라보니 허공중에 멀리 광채(光彩)

행자(行者)가
극락세계(極樂世界)에
탄생(誕生)하면
비로소 연꽃이
핍니다.

가 나고 그 장엄한 광경은 말로 설명할 수가 없을만치 아름답습니다. 오묘(奧妙)한 법문(法文) 소리는 그대로 보물(寶物)이 되어서 나라안에 충만(充滿)되었읍니다.

금전옥루(金殿玉樓) 녹음(錄飮)의 수림(樹林) 보물(寶物)의 못(池)등이 화려(華麗)하게 비치며 기러기, 오리등이 원근(遠近)으로 때지어 날아 다니고 있었읍니다. 이 사이에 선근(善根)에 의하여 십방세계(十方世界)에서 중생(衆生)이 전생(轉生)해오기가 빗발같이 많고 성중(聖衆)이 많이 불토(佛土)에서 오기가 갠지스강(江)의 모래와 같이 많읍니다.

이들은 혹은 궁전(宮殿)에 앉아서 독경설법(讀經說法) 하는자와 선정(禪定)에 들어간자도 있읍니다. 땅위나 수림(樹林)속에서도 이러한 풍경(風景)이 보입니다.

군대군대의 하천(河川)에서 입으로 즐거움을 노래부르고 꽃잎을 날리며 궁전누각(宮殿樓閣)으로 왕복(往復)하면서 여래(如來)에게 예배(禮拜)드리고 찬양(讚揚)해 드리고 있읍니다. 이렇게 하여 무량천인성중(無量天人聖衆) 화불보살(化佛菩薩)이 구름과 같이 모여서 그 성대(盛大)함이 이루 말할수가 없다. 그런데 아미타여래(阿彌陀如來)의 모습이 어디 계시는 가하고 우러러 보니 금산왕(金山王)과 같이 보물연화(寶物蓮華)위에 앉아서 보물못(寶物池) 가운데 계십니다. 관음(觀音) 대세지(大勢之) 두보살(菩薩)은 그 좌우(左右)에서 위엄(威嚴)있게 시종(侍從)드리고 있으며, 그 주위(周圍)로 무량(無量)의 성중(聖衆)이 둘러앉아 있읍니다. 그 부근(附近)의 수목간(樹木間)에서는 한두분의 보살(菩薩)이 광명(光明)을 비치는 것이 유리지(瑠璃池)에 반사(反射)

하여 광채(光彩)가 나고 마치 어두운밤에 천만무량(千萬無量)의 횃불을 켜놓은듯 합니다.

이때, 관음(觀音) 대세지(大勢至) 두 보살(菩薩)은 행자(行者)들 사이로 오셔서 여러가지로 위로(慰勞)의 말씀이 있읍니다.

즉(卽) 행자(行者)는 오체(五體)를 땅에 눕혀서 미타여래(彌陀如來) 어전(御前)에 가 칠보(七寶) 신발아래 업드려서, 만복(萬福)의 존안(尊顏)을 우러러보고 결실(結實)의 길이 트여서 보현(普賢)의 소망(所望)의 바다로 갑니다. 감격(感激)의 눈물이 빗발처럼 흐르고 욕구갈망(欲求渴望)의 마음이 골수(骨髓)에 사무치게 됩니다.

옛날 행자(行者)가 사바(娑婆)에 있을때 약간의 지식(智識)을 습득(習得)하기는 했으나 지금 여기서 여실(如實)하게 법문설법(法文說法)을 듣고보니 그 환희(歡喜)가 또한 무량(無量) 했읍니다.

용수보살(龍樹菩薩)은 게(偈)에 있어서 만약 사람이 선근(善根)을 심어도 의심(疑心)하면 연화(蓮花)가 개화(開花)하지 않고 신심(信心)이 청정(淸淨)한 자는 연화(蓮花)가 개화(開花)해서 곧 불타(佛陀)를 만날 수 있다고 쓰여 있읍니다.

67. 신상신통(身相神通)의 기쁨

극락(極樂)의 중생(衆生)은 그 몸체가 황금색(黃金色)으로서 항상(恒常) 광명(光明)이 있고 32상(相)을 구비(具備)하여 장엄(莊嚴) 단정(端正) 수려(秀麗)합니다. 성문중(聲聞衆)의 몸체 광

극락(極樂)에 있어서는
신상신통(身相神通)을
얻을 수 있으므로
마음먹는 즐거움을
가질수 있다.

채(光彩)는 6자(尺) 사방(四方), 보살중(菩薩衆)의 광채(光彩)는 백유순(百由旬)의 빛입니다. 천상계(天上界)에서 거주(居住)하는 천인(天人)이 이 극락중생(極樂衆生)에 비교(比較)하면 걸인(乞人)이 제왕(帝王)에 온 것과 같습니다.

또한 극락(極樂)의 중생(衆生)은 모두가 오신통(五神通)이 구비(具備)되어 있으므로 그 신통력(神通力)이 무한(無限)하여 마음내키는 대로 자유자재(自由自在)입니다. 가령 십방세계(十方世界)를 보고져 할때는 앉은 자리에서 볼 수가 있읍니다. 십방세계(十方世界) 말을 듣고져 하면 역시 앉은 자리에서 들을 수 있읍니다. 그 뿐만 아니라 무량(無量)의 과거세(過去世)를 알아 보기가 어제일같이 견문(見聞)할 수 있읍니다. 그 신통력(神通力)을 가지고 육도(六道)에서 혼미(混迷)된 중생(衆生) 심리(心理)를 알아보고져 한다면 거울을 들여다봄과 같읍니다. 사바세계(娑婆世界)에 있어서 등화(燈火)가 없으면 밤에 앞을 볼 수 없고 종이 한장을 앞으로 가리면 앞을 볼 수 없다는 사정(事情)과는 전(全)혀 다른 신통력(神通力)이 있읍니다.

68. 오묘경계(五妙境界)의 기쁨

이 극락(極樂)은 아미타불(阿彌陀佛)의 48 원(願)으로서 장엄(莊嚴)하게 경영(經營)된 것으로 보기가 청아(淸雅)하고 여묘(麗妙)한 색소(色素)이고 듣는 말씨나 해탈(解脫)이 소리 아닌 것이 없읍니다.

즉 지상(地相)은 유리(瑠璃)를 깔아서 대지(台地)로 하고 황금

(黃金)줄로서 그 길의 칸막이로 하고 고저(高低)가 없고 넓고 크며 여러가지 수려(秀麗)한 단장을 하여 그 길을 가꾸고 있읍니다. 그다음 궁전(宮殿)의 상(相)은 각자(各自)의 국토(國土)에는 칠보(七寶)로서 건축(建築)한 오백억(五百億)의 궁전누각(宮殿樓閣)이 있읍니다. 고저내왕(高低來往)이 마음대로 되며 모든 보상(寶床)은 비단을 깔고 있읍니다. 칠중(七重)의 난간(欄干), 백억(百億)의 화당(黃幢), 옥제(玉製) 영락이 있으며 보물제천개(寶物製天蓋)가 걸려 있읍니다. 궁전누각(宮殿樓閣) 위에서는 모든 천인(天人)이 항상(恒常) 음악(音樂)을 반주(伴奏)하고서 여래(如來)의 만덕(萬德)을 찬양(讚揚)합니다.

그다음 수상(水相)에는 강당(講堂), 성사(聖舍), 궁전누각(宮殿樓閣)등 사이에서 여러가지 못(池)이 있읍니다.

황금못(黃金池) 밑바닥에는 유리(瑠璃) 자갈이 깔려있읍니다. 맑은 날씨에 선선하고 감미(甘美)로운 윤택(潤澤)이 있으며 청아(清雅)하고 두려움이 없어지고 보신(補身)한다는 팔공덕수(八功德水)가 충만(充滿)하게 있읍니다.

못 속에는 여러가지 꽃이 피며 파란 연화(蓮花)는 파란 광채(光彩)가 나고, 노랑 연화(蓮花)는 노랑 광채(光彩)가 나며 기타 여러가지 광채(光彩)가 한가(閑暇)한 바람결에 아름다운 향기(香氣)를 풍기고 있읍니다.

그 하나 하나의 꽃 광채(光彩)에 보살화불(菩薩化佛)이 계십니다. 못(池) 물결이 이를 둘러 싸고서 그 흐름이 지극(至極)히 부드러워 그 물결 소리가 또한 아름다워서 불법향동(不法響同)이 아닌것이 없읍니다. 모든 보살중(菩薩衆)이 이 못(池)에서 목욕(沐浴)할 때는 심잔(深殘)을 마음대로 조절(調節)하여 마음의 때(垢)를 벗겨버릴 수 있읍니다.

목욕(沐浴)을 마치면 혹은 허공(虛空)으로 혹은 수림간(樹林間)에서 독경(讀經)하는자, 설법(說法)하는자, 좌선(坐禪)하는자 등등 여러가지 모습이 보입니다.

그다음 수목지상(樹木之相)에는 못(池)둘레 하천(河川)가에 선단목(栴檀木)이 심어지고 황금(黃金)의 잎, 백금(白金)의 가지(枝), 산호(珊瑚)꽃, 보물(寶物)열매 등이 무성(茂盛)하고 있읍니다. 봄바람이 한가(閑暇)하게 불어오며 향기(香氣)를 풍기고 오음(五音)이 구비(具備)하여 반주(伴奏)하는 모양이니 듣고 있던 자가 자기도 모르게 불법승(佛法僧)을 염불(念佛)합니다. 이 잎(葉)사이에 꽃이 피고 꽃속에 열매를 맺는데 여기서 모두 광명(光明)을 내어 그것이 화(化)해서 보천개(寶天蓋)가 되어 일체의 불사(佛事)는 모두가 이 천개중(天蓋中)에 명백(明白)하게 영상(映像)됩니다.

다음 허공지상(虛空之相)은 모든 보물(寶物)이 금물과 같이 허공(虛空)에 퍼져 있으며 그 금물에는 보배 방울이 매달려 있읍니다. 그 방울은 수려(秀麗)한 법(法)의 소리를 냅니다. 또한 하늘 꽃잎이 쏟아져 내려와서 모든 불타(佛陀)에게 공양(供養)합니다. 무량(無量)의 음악악기(音樂樂器)가 허공중(虛空中)에서 영묘(靈妙)한 법문(法文) 노래를 반주(伴奏)합니다.

그 이외 여의(如意)의 묘음(妙音)이 향기(香氣)롭게 풍기여 세계(世界)로 퍼지며, 진구(塵垢)가 저절로 없어지고 지상(地上)에서 허공(虛空)까지 백천종(百千種)의 향기(香氣)로서 궁전(宮殿),

140

이 극락（極樂）은

제一에 그 지상（地相）이 교묘（巧妙）한

옷치장 모양으로 덮혀있고

제二에는 칠보（七寶）로서 축조（築造）

된 궁전（宮殿）이 있고

제三에는 그 모든 건물（建物）의

안밖에는 여러개의 못（池）

이 배치（配置）되어 있다.

제四에는 보석（寶石） 또는 보물

（寶物）로서 수목（樹木）이 형성

（形成）되어 있고

제五에는 허공（虛空）에 향동（響動）

피는 무량（無量）의 음악（飲樂）이

법가（法歌）를 반주（伴奏）한다.

수림(樹林)이 장식(裝飾)됩니다.

 부처님과 보살님과 극락중생(極樂衆生)이 식사(食事)하고져 하면 칠보책상(七寶冊床)이 저절로 앞에 나타나서 백미(百味)의 음식(飮食)이 저절로 준비(準備)됩니다. 그 맛은 세상음식(世上飮食)맛이 아니고 천상일편도(天上一片到)의 맛도 아니며 단맛과 쓴맛이 자동(自動)으로 조절(調節)되어서 마음대로 먹을 수가 있읍니다. 또한 의복(衣服)을 원(願)한다면 그 요구일념(要求一念)에 따라서 소망된 의복(衣服)이 나타납니다. 세탁(洗濯)할 필요도 없이 더위와 추위에 적응(適應)되고 기품(氣品)이 있고 춘하추동(春夏秋冬) 구별(區別)없이 착용(着用)됩니다. 매일 아침에는 수려(秀麗)한 꽃잎이 많이 떨어져 4치(寸)가량 쌓입니다. 그위를 지나가면 푹 들어갔다가 지나가고 나면 원상(願狀)이 됩니다.

 하루밤 지나면 낡은 꽃잎이 없어지고 새로운 꽃잎이 쌓입니다.

 위와 같은 五개의 극락세계(極樂世界)는 아침, 저녁, 보고 듣고 즐겁게 지내나 정토(淨土)의 고마움은 탐욕(貪欲)이 없어지고 다만 무량(無量)의 으뜸가는 공덕(功德)이 증가(增加)될 뿐이다.

69. 극락(極樂)은 백화요란(百花燎亂)

 그래서 관세음보살(觀世音菩薩)께서는 그 게(偈)에 있어서 말씀하시기를 『그 극락세계(極樂世界)의 상(相)을 보면 삼계(三界)의 길 중(中)에서 가장 좋으며, 그 끝이 허공(虛空)과 같이 매우

정토(淨土)의 천인(天人)은
부처님을 우러러 볼 수 있고
법문(法文)을 들을 수 있는
즐거움을 가진다.

넓고 한정(限定)이 없다. 보화(寶花)가 천만종(千萬種) 있어서 보물못(寶物池)이 청아(清雅)한 물결로 흐르고 감로수(甘露水)가 나와서 즐겁게 하고 춘풍(春風)이 부드럽게 불어오고 꽃의 향기가 풍기고 있다. 모든 궁전누각(宮殿樓閣)은 옥(玉)의 난간(欄干), 황금(黃金) 문짝, 칠보장식(七寶裝飾)기둥 등으로 매우 수려(秀麗)한 것이다. 더구나 그 궁전중(宮殿中)의 누상(樓上)에 앉아서 한꺼번에 십방세계(十方世界)를 바라볼 수 있다. 여러가지 보수(寶樹)는 그 색채(色彩)가 수려(秀麗)하면서 푸르다. 보석난간(寶石欄干)이 모두가 둘러있고 무량보(無量寶)로서 직조(織造)한 금물이 허공(虛空)을 덮고 황금백금(黃金白金) 여러가지 아름다운 소리가 울리는 방울이 달려있고 모두가 묘법(妙法)의 소리를 듣는다.

　모름지기 중생(衆生)이 바라고 즐기는 것은 모두가 충만(充滿)하게 비치(備置)되어 있다. 그러하므로 우리들은 그 아미타불국(阿彌陀佛國)에 전생(轉生)됨을 바라는 것이다.』라고 쓰여 있읍니다.

제 3 편 정토견문집
(淨土見聞集)

70. 정토견문집(淨土見聞集)과
존각상인(存覺上人)

이 『정토견문집(淨土見聞集)』이라는 것은 문명(文明) 9년말 겨울에 존각상인(存覺上人)이 그 제자(弟子)들의 간청으로 쓰신 것입니다. 존각상인(存覺上人)의 이름은 광현(光玄)이고, 일본경도상락대(日本京道常樂台)의 개산(開山) 본원사(本願寺) 제삼대(第三代) 각여상인(覺如上人)의 장자(長子)로서 정응삼년(正應三年) 6월 4일에 출생(出生) 하였읍니다.

저서(著書)는 이 이외(以外)에 법화문답(法華問答) 여인왕생문서(女人往生聞書) 이외(以外) 수십권(數十卷)이 있읍니다. 경안육년(警安六年) 2월하순에 이병(罹病)하여 2월 28일 84세로 입적(入寂)했읍니다. 그 유게(遺偈)에 말하기를 염미타불(念彌陀佛) 금예서방(今詣西方) 형명돈절(形名頓絕) 생사영망(生死永亡)이라고 하였는데 즉(卽), 아미타불(阿彌陀佛)을 염불(念佛)하여 지금 서방(西方)에 이르렀다. 형(形)과 명(名)이 다같이 끊어지고 생사(生死)가 영원(永遠)히 멸(滅)한다 라고 하였읍니다.

71. 세연(世緣)이 끊어지고

그런데 전(傳)해온 이야기를 들으면 염마대왕(閻魔大王)께서는 깨알만한 소죄(小罪)도 거울에 비추어서 아시게 되고 구생신(俱生神)은 이슬만한 소죄(小罪)도 붓으로 기록(記錄)해 둔다고 합니다. 우리들 범부(凡夫)는 지혜(智慧)의 칼자루가 없어서 번뇌(煩惱)의 노끈을 끊을수가 없으며 계행(戒行)의 구슬에는 근심이 있고 생사(生死)의 어두움을 비칠수 없으니 근심이 많은 것이다.

그래서 우리들 범부(凡夫)는 여기서 운명(殞命)하여 인간(人間)으로서의 세연(世緣)이 끝나고 임종(臨終)의 눈을 감고서 명도(冥途)를 향하게 되면 그때, 3명의 옥귀졸(獄鬼卒)이 출영(出迎)나옵니다. 그래서 우리들 영혼(靈魂)을 데리고 우선 진광왕(秦廣王)의 왕청(王廳)에 도착(到着)합니다. 이때 비로소 자신(自身)의 죄업(罪業)이 명도(冥途)의 관문송림(關門松林) 아래 나타나게 되어서 슬피 울고서 중유여로(中有旅路)로 향하게 됩니다. 슬프기도 합니다. 믿었던 고향(故鄕)의 친척유족(親戚遺族)들은 눈물로서 우리들의 임종(臨終)을 전송하여주기는 하였으나 나의 명도(冥途)길 양상(樣相)을 알길이 없으며, 더구나 생전(生前)에 저지른 죄업(罪業)의 하나 하나가 빠짐없이 전신(全身)을 둘러싸고 이 몸에서 떠나지 않습니다. 늦게 들어온자는 울부짖기만 하고 앞서가는 자는 고뇌(苦惱)에 정신이 없어서 몸을 가누지 못합니다.

드디어 무상(無常)의 태풍(台風)이 일진(一陣) 이진(二陣) 불어오면 그의 죄업(罪業)의 관수(關樹)를 세조(洗條)하는 듯이 볼겨를도 없이 떨어지는 잎은 모두가 검(劍)으로 화(化)하여 망령(亡靈)의 몸에 꽂아집니다. 그 검(劍)이 몸에 꽂히는 숫자에 따라 업보(業報)의 경중(輕重)을 알게 됩니다. 이렇게하여 죽음의 길의 험악(嶮岳)을 넘어서 멀리 보이는 아득한 강변(江邊)으로 나아갑니다.

72. 지옥(地獄)으로 처음 여행(旅行)

27일째는 초강왕청(初江王廳)에 도착(到着)합니다. 그 앞에는 탈수귀(脫水鬼)가 있어서 망령(亡靈)의 옷을 벗겨서 의령수(衣嶺樹)라는 나무가지 위에 걸어둡니다. 그 가지의 고저(高低)에 따라서 죄(罪)의 경중(輕重)이 정(定)하여집니다.

참귀의(慚愧衣)를 입지않은 망령(亡靈)에게는 그 살결을 찢어서 박탈(剝奪)합니다. 그 고통(苦痛)이 매우 심(甚)하여 이루 말로 할 수가 없읍니다. 37일째는 송제왕청(宋帝王廳)에 도착(到着)합니다. 왕(王)은 망령(亡靈)의 명단(名單)을 기록(記錄)하고, 그 주소(住所)도 같이 기록(記錄)하여서 건너편 황천강(黃泉江) 강변에 인도(引導)합니다. 그 사이를 상도강(喪塗江)이 흐르고 있읍니다.

안내로(案內路)의 우두귀(牛頭鬼)는 철봉(鐵棒)을 들고서 길을 가르치며 재촉(催促)하는 마두귀(馬頭鬼)는 검(劍)을 들고서 강(江)물 흐름을 알려줍니다.

47일째는 오관왕청(五官王廳)에 도착(到着)합니다. 공중(空中)에는 죄업(罪業)을 계량(計量)하는 저울이 비치(備置)되고 망령(亡靈)의 죄업(罪業)의 경중(輕重)을 기입(記入)합니다.

57일째는 염마대왕청(閻魔大王廳)에 끌려가서 대왕(大王)의 책고(責苦)를 받읍니다. 우선 망령(亡靈)의 머리체를 잡고서 정파리(淨玻璃)의 업경(業鏡)으로 향하여 보면 망령(亡靈)의 죄업(罪業)이 모두가 빠짐없이 영상(映像)되어 갑니다.

67일째는 변성왕(變成王), 77일째는 대산왕청(大山王廳)으로 도착(到着)합니다. 이렇게 돌아다녀도 아직도 망령의 죄상미결 (罪狀未決)이므로 그 유족(遺族)의 추선(追善)을 기다리기를 매우 애태웁니다.

73. 백일(百日)째부터 삼주기(三週忌)까지

100일째에는 평등왕청(平等王廳)으로 끌려가서 수가(手枷) 족가(族枷)로 포박(捕縛)하여 책고(責苦)를 당하니 망령(亡靈)은 더욱 더 고뇌(苦惱)가 심합니다. 단죄(斷罪)를 기다리는 망령(妄靈)이 운집(雲集)하여 마치 시장인파(市場人波)와 같읍니다.

제삼주기(第三週忌)째는 오도전륜왕청(五道轉輪王廳)으로 끌려 갑니다. 전륜왕(轉輪王)은 어떻게든지 망령(亡靈)을 구원(救援)코저 하는 자비(慈悲)로서 잠시(暫時)동안 망령(亡靈)을 체류(滯留)시키고저 구생신(俱生神)에게 명(命)하여 망령(亡靈)의 고향(故鄕)에 보내봅니다. 그런데 그 고향(故鄕) 유족(遺族)들은 망령(亡靈)을 잊어버리고 추선(追善)따위는 염두(念頭)에도 내지 않읍니다.

이때는 망령(亡靈)이 사바(娑婆)에 두고온 처, 자식(妻, 子息)을 원망(怨望)하면서 자신(自身)의 죄업(罪業)을 후회(後悔)하고 농몽혈간(濃淚血迂)을 흘리게 됩니다.

만약 이때를 기하여 그 죄업(罪業)이 소멸(消滅)되지 않으면 드디어 지옥(地獄)으로 떨어져서 철열탕(鐵熱湯)에 빠져서 몸을 태우며 또한 한빙(寒氷)속에서 몸이 얼고 부서지기도 하고 재차(再次) 인계환생(人界還生)의 길은 만겁(萬劫)을 지나도 어려운

육도(六道)의 상(相)

그 모두가 두려운

것이다.

152

일입니다.

74. 극락행(極樂行)의 인연(因緣)

자세(仔細)하게 명계양상(冥界樣相)을 보니 천상계(天上界)는 즐거움에 젖어서 구도심(求道心)이 없고, 지옥(地獄)에서는 고통(苦痛)이 비참(悲慘)하여 구도(求道)를 소망(所望)하지 않고 아귀도(阿鬼道)는 기갈(飢渴)이 심(甚)하여 불문귀의(佛門歸依)가 없고, 축생도(畜生道)는 우치(愚痴)함이 심하여 불도(佛道)를 알지 못하고, 수라도(修羅道)는 투쟁(鬪爭)이 막심(莫甚)하여 보시(菩提)를 구할 수 없고, 그래서 이러한 생처(生處)에서 아직까지 선지식(善知識) … (지혜있는 불도의 안내자) … 도 없읍니다. 어떻게 함으로써 생사출리(生死出離)의 도(道)를 구(求)할 수 있겠읍니까?

인계(人界)에 있어서도 동, 서, 북(東西北)의 삼국(三國)은 불법(佛法)이름조차 모르고서 어떻게 선지식(善知識)이 되겠읍니까? 설혹 지식자(知識者)가 있다 하더라도 불법(佛法)을 섬기는 숙세(宿世)의 선인(善因)이 없었읍니다.

우리나라 고대(古代) 통일신라(統一新羅)에 와서 신라국력(新羅國力)을 기울여가면서 불도를 정립(鼎立)하여 후대(後代) 고려(高麗) 이조(李朝)에 걸쳐서 그 홍포(弘布)에 교화(敎化)된 사람도 많았으며 출리생사(出離生死)의 도(道)를 구(求)하기를 진실(眞實)로 이나라 이때를 두고서 다시 없었읍니다. 불법(佛法)의 가르침이 천차만별(千差萬別)이기도 하오나, 정토진종(淨土眞宗)

법문결연(法文結緣)이 곧
극락(極樂)으로의
즐거운 길이다.

154

은 그때와 장소(場所)에 알맞는 법문(法門)입니다. 자력(自力)을 버리고 타력(他力)으로서 수행(修行)한다면, 즉시 부생불멸(不生不滅)을 깨닫고, 낭득왕생(郎得往生) 주불퇴전(住佛退轉)이라 하여 이 몸체 그대로 즉시(卽時)로 극락정토(極樂淨土)로 전생(轉生)하여 확고(確固)한 위치(位置)에 들어설 수가 있읍니다. 지금 와서 이 법(法)을 믿지 않는다면 그것은 숙세(宿世)의 선인(仙人)이 없는 무연지인물(無緣之人物)이라고 할 수 밖에 없읍니다. 숙세(宿世)에 있어서 제불(諸佛)을 섬겼다는 선인(善人)이 있었다면 반드시 즉시 이 법(法)을 믿을 수 있다고 생각됩니다.

반대(反對)로 교만(憍慢)한 마음씨와 해태심(懈怠心)이 있는 자는 도리어 이 법(法)을 믿지 못한다고 합니다. 진실(眞實)로 정토진종(淨土眞宗)의 법문(法門)은 희귀(稀貴)한 것으로서 가장 거룩한 법문(法門)이며, 반드시 극락왕생(極樂往生)의 원인(原因)을 결정(結晶)지워줍니다. 여간한 인연(因緣)이 아니고서는 들을수도 없는 법문(法門)입니다.

75. 염불(念佛)은 미타(彌陀)의 계획(計劃)

만약에 이 포교(布敎)를 들으시고 약간이라도 희열심(喜悅心)이 났다면 분명(分明)히 숙세(宿世)의 선인(善因)을 쌓아본 사람입니다. 선지식(善知識)을 만나서 이 법문(法門)을 듣고 조금도 의심(疑心)이 없다면 이것은 구원(救援)하시겠다는 미타심중(彌陀心中)의 광명(光明)이 행자(行者)의 심중(心中)을 비추고 수호(守護)하시고 벗어버리지 않겠다는 증거(證據)입니다.

이 광명(光明)이라 함은 곧 지혜(知慧)의 바다로부터 신심(信心)을 개발(開發)해 주심으로 즉 신심(信心)이라 함은 불타(佛陀)의 지혜(知慧)를 말씀한 것입니다.

이 불지(佛智)로부터 권유(勸誘)받아서 비로소 구두포교(口頭布教) 즉 칭명염불(稱名念佛)이라 함은 더욱이 행자(行子)의 마음으로부터 나오지 않읍니다.

불타(佛陀)의 지혜(智慧)로서 신심(信心)이 울어나오고 신심(信心)에 의하여 명호(名號)를 부르짖는 것입니다. 그러므로 교행증(教行證)에는『원력(願力)의 신심(信心)에는 반드시 명호(名號)를 구비(具備)함』이라고 말씀했읍니다.

또한 광명사화상(光明寺和尙)은『이 행자(行者)의 염불(念佛)이라함은 행자(行者)의 믿음도 아니고 행자(行者)의 수행(修行)도 아니고, 행자(行者)의 선(善)도 아니다.』라고 말씀했읍니다. 체류정지(滯留停止)하지 않는 불타(佛陀)의 지혜(智慧)는 염불(念佛) 행자(行者)의 마음 속에 들고 행자(行者)의 마음은 불타(佛陀)의 광명(光明)에 흡수(吸收)되고 행자(行者)의 취급(取扱)은 조금도 없읍니다.

이것을 관경(觀經)에서는『제불여래(諸佛如來)는 이것이 법신계(法身界)이다. 일체수행(一切修行)의 심상중(心想中)에 들어간다』라고 설교(設教)되어 있읍니다.

제불여래(諸佛如來)라 함은 곧 미타여래(彌陀如來)를 말한 것입니다. 제불(諸佛)은 미타(彌陀)의 분신(分身)이므로 제불(諸佛)을 미타(彌陀)라고 우러러 보라고 하셨읍니다. 타력(他力)으로서 신심(信心)을 얻었을때 오악(五惡)을 범(犯)한 자가 지옥(地獄)

156

성중공회(聖衆供會)의
즐거움
정토천인(淨土天人)은
염불력(念佛力)
에 따라서
백미음식(百味飲食)을
구할 수 있다.

으로 떨어지는 죄업(罪業)을 잘랐으므로 지옥(地獄)길이 막히고 자연(自然)히 정정중(正定衆)의 위치(位置)에 거주(居住)하게 됩니다.

정정중(正定衆)이라 함은 태연(泰然)하게 좌석(坐席)이 정(定)해지면 확고부동(確固不動)하게 한치라도 후퇴(後退)하지 않는 위치를 말하는 것입니다.

부퇴(不退)라 함은 두번다시 혼미세계(混迷世界)에 되돌아가지 않는다는 위치(位置)를 말한 것입니다.

지혜(智慧)있는 법사(法師)를 만나서 법문(法文)을 듣고 그것으로 양해(諒解)가 된다면 극락왕생(極樂往生)이 결정(決定)됩니다. 그리고 후(後)에 육자(六字)의 명호(名號)가 부르짖게 된다는 것은 미타(彌陀)가 중생(衆生)을 구원(救援)코저 하시는 넓은 맹세(盟誓)의 은혜(恩惠)를 받들어 뫼시는 것이 되오나 이것도 행자(行者)쪽에서 자신의 주선(周旋)으로서 불은(佛恩)에 보답하고저 해서 우러나온 마음씨를 말씀한 것이 아니고 미타(彌陀)의 타력(他力)의 신심(信心)에서 우러나와서 자연히 부르짖게 되는 것입니다. 이것이 자연히 불은(佛恩)을 보답감사(報答感謝)하는 까닭입니다. 그래서 신심(信心)도 염불수행(念佛修行)도 아직도 행자자신(行者自身)의 주선(周旋)이 아니고 모두가 미타(彌陀)의 불력(佛力)이라는 말씀이십니다.

76. 진여법성(眞如法性)의 극리(極理)

이미 말씀드린바와 같이 구원(救援)의 광명(光明)에 흡수(吸

158

收)되어서 미래영겁(未來永劫)에 걸쳐서 버리지 않는다는 맹서(盟誓)를 받을 수 있었다는 것은 전(全)혀 선지식(善知識)의 은혜(恩惠)에 의한 것이며, 보답(報答)을 거듭한다 하더라도 그 은혜(恩惠)가 끊이지 않는 것입니다. 만약 어인연(御因緣)이 없었다면 삼도강(三途江)에 빠졌을 것이며 백천만겁(百千萬劫)이 지나도록 불법(佛法)을 들을 수 없었던 것입니다.

그래서 또한 선지식(善知識) … 佛法師 … 이 되는 사람은 자신의 신심(信心)이 결정(決定)되고 안되고간에 이 불법(佛法)의 도리(道理)를 사람들에게 전파(傳波)해야 됩니다. 그 이유(理由)는 이 선지식(善知識)의 교설(敎說)에 의하여 다행(多幸)히 신심(信心)을 얻은 사람은 즉(卽), 거기서 극락왕생(極樂往生)이 결정(決定)되어 미래영겁(未來永劫)의 낙과(樂果)를 깨닫고서 얻을 수가 있음은 물론(勿論)이나, 만일(萬一) 불행(不幸)하게도 신심(信心)에 들지못한 사람일지라도 한번 그 교설(敎說)을 들여놓기만 하여도 그것이 언젠가 인연(因緣)이 되어서 늦거나 빠르거나 드디어는 재차(再次) 법사(法師)를 만나게 되어서 생사(生死)의 흐름을 건넬수가 있읍니다.

모름지기 이 타력(他力)의 법문(法門)은 제선만행중(諸善萬行中)에 가장 중요(重要)한 것이며 진여법성(眞如法性)의 극리(極理)이므로 가령, 단 한번이라도 그 교설(敎說)을 들었다면 그 효과(效果)는 결(決)코 헛되지 않읍니다.

그러하므로 설혹 자신이 잘알고 있다고 생각되어도 그래도 선지식(善知識)을 가까이하여 질문(質問)해 보는 것이 좋습니다. 들을수록 그 신심(信心)이 두터워지고 단단해지며 우러러보면 그대로 신심(信心)이 향상(向上)됩니다.

그러므로 자주 질문(質問)함과 동시(同時)에 잘 깨달아서 친절(親切)하게 답(答)하고 가르치고 지도(指導)해 나가야 합니다.

77. 명호문지(名號聞持)의 난(難)

다만 듣기만 하는 일이 어려운 것이 아닙니다. 잘 알아듣는 것이 매우 어렵습니다.

또한 믿음이 어려운 것이 아닙니다. 믿고 이것을 가르쳐 주는 일이 어렵습니다.

그래서 『역왕이무인(易往而無人)』이라고 설교(設教)함은 정토(淨土)에는 가기 쉬우면서도 그 사람이 없다는 뜻입니다. 용수(龍樹)의 해석(解釋)에서는 선우(善友)의 가르침이 없었다면 우치(愚痴)한 어두운 길에서 빠져나오기 힘든다고 쓰여 있읍니다. 그러므로 법문(法文)에 밝은 사람은 항상성교(恒常聖教)로 향하여 그 의리(義理)를 생각함이 좋읍니다.

또한 법문(法文)에 어두운 사람은 되도록 선우지식(善友知識)을 만나서 자신이 알고 있는 것도 질문(質問)해 봄이 좋읍니다. 평소(平素)에 잘 알고 있다고 생각해도 또 다시 들으면 반드시 얻는 것이 있읍니다.

경(經)에는 『문명욕왕생(聞名欲往生)』 또는 『문기명호(聞其名號)』라고 쓰여 있읍니다. 그 듣는다는 것이 다만 소홀(粗忽)하게 듣는 것이 아니고 미타여래(彌陀如來)가 말씀하신 것에서 발생(發生)한 근본(根本)과 끝을 자세(仔細)하게 들어서 의심(疑心)

정토(淨土)에 까지
불도(佛道)를 증진(增進)
시키는 즐거움

이 나지 않도록 배웠던 것입니다.

가령 팔만법장(八萬法藏) 십이부경(十二部經)을 들었을때도
의심(疑心)이 난다는 것은 진실(眞實)하게 듣지 않았다고 봅니
다 라고 들었으므로써 우러나온 신심(信心)을 사유(思惟)하므로
일어나는 신심(信心)이란 것은 들어서 의심(疑心)치 않고 수지
(受持)하고서 잃어버리지 않는 것을 말합니다.

생각한다는 것이 곧 믿음이며 듣는다는 것은 타력(他力)에 의
하여 듣는다는 것이며 그 신심(信心)은 미타(彌陀)의 원력(願力)
에 의하여 정(定)해지므로 자력주선(自力周旋)은 전혀 없읍니다.
이것을 자연(自然)이라고 합니다.

자(自)는 『스스로』라고 이르고 연(然)은 『그렇게 한다』하는 것
이므로 법(法)과 같이 법연(法然)으로서 타력(他力)의 주선(周旋)
으로 왕생(往生)이 결정(決定)됩니다.

78. 왕생결정상(往生決定相)

이렇게하여 이미 그 왕생(往生)이 결정(決定)되면 왕생결정
(往生決定)의 표식(標識)으로서 희열심(喜悅心)이 일어납니다.
기쁨의 마음이 일어나는 표식(標識)에는 은혜(恩惠)에 보답(報
答)하고 덕(德)을 감사(感謝)하는 마음이 일어납니다. 그래서 용
수보살(龍樹菩薩)이 지시(指示)하신 게(偈)에는 『은혜(恩惠)를
안다는 것이 대비(大悲)의 근본(根本)이다. 은혜(恩惠)를 모르면
축생(畜生)이라고 부른다』라고 쓰여 있읍니다. 은혜(恩惠)를 모
르는 자(者)는 축생종류(畜生種類)와 같다는 말은 이로써 명백

(明白)한 것이며, 이미 축생류(畜生類)가 되어 버렸으면 물론(勿論) 타력(他力)에 의한 신심(信心)도 얻을 수 있는 사람이 아닙니다. 자세(仔細)하게 마음속을 둘러보고, 희열보은(喜悅報恩)의 마음씨를 느끼면 이것은 왕생(往生)이 이미 결정(決定)된 증거(證據)라고 알것입니다. 만약 그렇지 않을 경우에는 아직도 왕생(往生)이 미정(未定)인 것이므로 행자(行者)들은 세심(細心)한 조심(操心)을 가져야 합니다.

이상 말씀드린 것은 십륜경(十輪經) 십왕경(十王經)의 핵심(核心)을 발솔(拔率)한 것입니다. 사사(私事)로운 잡념(雜念)에서 기록(記錄)한 것이 아니고 다만 편집자(編輯者)로서의 견해(見解)만을 약간(若干)써 넣었읍니다. 요(要)컨대 신심(信心)이 없었던 사람에게 쉽게 이해(理解)시키는데 유의(留意)한 것입니다. 능엄(楞嚴)의 선덕(先德)의 요집선림(要集禪林)의 영관(永觀)의 십인(十因)등을 봉견(奉見)하오면 압리예토(壓離穢土) 흔구정토(欣求淨土)라고 쓰여 있읍니다.

그런데 친랑상인(親鸞上人)의 어상전(御相傳)에 의하면 정토(淨土)의 흔구(欣求)를 앞으로 쓰고 예토(穢土)의 압리(壓離)를 뒤로 미루어 보라고 말씀하셨읍니다.

그래서 교행증(教行證) 정토문류초(淨土文類鈔) 우독초(愚禿鈔)등의 어작(御作)에서도 혹은 정토화찬(淨土和讚) 정상말법화찬(正像末法和讚)등에도 아직 예토(穢土)를 두려워해도 무상(無常)으로 보라고 하는 말씀은 없읍니다.

이러한 일을 생각하여 보면 한번 진실(眞實)한 신심(信心)이 발기(發起)한다면 가르치지 않아도 예토(穢土)는 자연히 두려워

할 것입니다. 설혹 두려운 마음이 일어나지 않아도 일단(一旦)
신심(信心)을 획득(獲得)한 이상(以上) 극락왕생(極樂往生)은 반
드시 이루어집니다.

제 4 편 지옥과 극락

79. 지옥(地獄)과 인생(人生)

옛날 일본 명치천황(明治天皇)이 하고내온천(箱根溫泉)으로 행차(行次)하실때 『지옥계곡(地獄溪谷)』이라는 지명(地名)에 대하여 하문(下問)이 있었으므로 그 후(後)에 『고와꾸계곡(小通谷)』으로 개칭(改稱)하게 되었읍니다.

구한국시절(舊韓國時節) 감옥(監獄)이라는 명칭(名稱)이 그 후(後) 형무소(刑務所)로 명칭이 바뀌어지다가 현재(現在) 우리 나라 에서는 교도소(矯導所)로 통칭(通稱)되어 있읍니다.

옥(獄)이라는 말은 물론(勿論) 불교(佛敎)의 지옥문자(地獄文字)를 인용(引用)한 것입니다. 그 『옥(獄)』에 감금(監禁)했으므로 『감옥(監獄)』입니다.

지옥(地獄)이란곳은 잠시 경전(經典)을 보면 즉(則) 극악(極惡)의 중생(衆生)이 가는곳으로서, 지(地)라 함은 땅아래 끝이고 옥(獄)이라는 것은 국(局)이라고 합니다. 즉 만물중(萬物中)의 최저하(最低下)에 구금국한(拘禁局限)되어서 자유(自由)가 없다는 의미(意味)입니다. 범어(梵語)에서는 『나락가(奈落迦)』라고 합니다. 나락(奈落)이라함은 그 이칭(異稱)이고 나락(奈落)의 밑바닥 이라함이 여기서 나온 말입니다.

직역(直譯)하면, 무희락(無喜樂), 불가락(不可樂), 가압(可壓), 고구(古具), 고기(苦器), 무거처(無去處)라고 됩니다. 이 세상(世上)의 지옥(地獄)은 각 교도소(矯導所)에도 있고 우리들 가슴속 에도 있으며 고생(苦生)이 심(甚)하나 죽어버리면 그 고생(苦生)을 잊어 버립니다. 경우에 따라서는 극락(極樂)에도 갈 수 있으나 진정(眞正)한 지옥(地獄)은 떠날 수가 없읍니다. 즉(卽) 무거처(無去處)입니다.

죽을수도 없읍니다. 즉(卽) 무간지옥(無間地獄) 말입니다. 미래영원무궁(未來永遠無窮)하게 그 가책(苛責)을 받아야 합니다. 그것은 가장 무서운 일입니다. 그런데, 이 지옥(地獄)이 어디 있는가하면 첨부주(瞻部州)의 지하(地下) 오백유순(五百由旬) 및 철위산(鐵圍山)의 외변흑앞쇼(外邊黑闇所)에 있읍니다.

그리고 고독지옥(孤獨地獄)이라는 것이 각처(各處)에 산재(散在)하여 있읍니다.

팔대지옥(八大地獄), 팔한지옥(八寒地獄), 십팔지옥(十八地獄) 등 합쳐서 136개 지옥(地獄)이 있읍니다.

그 중(中)에 팔대지옥(八大地獄)이라는 곳은 상, 하(上, 下)로 연결(連結)되어 있읍니다. 그 제1이 등활지옥(等活地獄)인데, 여기서는 죄수(罪囚)가 서로 서로 살생가해(殺生可害)하여 죽었다고 생각하면 바람결에 깨어납니다.

제2는 흑승(黑繩)으로서 포박(捕縛) 당하고 톱으로서 망령(妄靈) 몸체를 썰이는 곳입니다.

제3에는 많은 형구(刑具)로서 애워싸서, 서로서로 가해(可害)하므로서 중합지옥(衆合地獄)이라 합니다.

제4에는 중고(衆告)에 시달리여, 기이(奇異)한 비명(悲命) 소리와 원규(怨叫)의 소리를 지르므로 호규지옥(號叫地獄)이라고도 하고, 제5에는 심(甚)한 고통(苦痛)으로 크게 소리치므로 대규환지옥(大叫喚地獄)이라하며, 제6에는 염열(炎熱)이 막심하므로 초열지옥(焦熱地獄)이라 하고, 제7에는 극도(極度)의 열기(熱氣)중에 있으므로 대초열지옥(大焦熱地獄)이라 하고, 제 8 에는 무한 (無限)한 공간(空間)에서 고생(苦生)하므로 무간지옥(無間地獄) 이라 합니다.

무간지옥(無間地獄)은 무구(無救)라고도 하여 최하층(最下層) 에 있읍니다. 팔대지옥(八大地獄)의 옆에 팔한지옥(八寒地獄)이 나란히 있읍니다. 몸체가 분열(分裂)되서 홍연(紅蓮)같이 된자가 서로 심(甚)하게 치고 뜯고 싸우는 자, 항상(恒常) 철화(鐵火)에 소각(燒却)되는자, 확탕검수(鑊湯劍樹)등으로 …… 기타(其他)는 생략(生略)합니다.

백은선사(白隱禪師)는 11 세때 그 어머니를 따라서 창원교사 (昌源敎寺)에 참배(參拜)하여 일엄상인(日嚴上印)으로부터 지옥 변상(地獄變相)의 설법(說法)을 들어시고 한모수립(寒毛竪立)되 어서 구도입지(求道立志)하게 되었읍니다. 현대인(現代人)은 스 스로가 지옥부중(地獄釜中)의 무용홍환(無踊興歡)을 추격(追擊) 하는 꼴이 되었읍니다. 현세현신(現世現身)의 지옥(地獄)이라고 하면 우선 교도소(矯導所)를 들수 있읍니다.

우리들은 어린시절부터 『이 세상에 교도소(矯導所)라는 싫은 곳이 없었으면 하고 생각했읍니다. 교도소(矯導所)는 가장 무서 운곳』이라고 생각했읍니다. 싫어하는것이 두가지가 있었읍니다. 그 하나는 교도소(矯導所)이고 다른 하나는 사망(死亡)입니다.

선인(善人)과 악인(惡人)이 별개(別箇)로 된것이 아닙니다.

고락(苦樂)은 원래(元來)가 일념(一念)이 옮겨가는 곳이며 참 회구제(懺悔救濟)의 근본원리(根本原理)는 여기에 있읍니다. 고 통이 없으면 즐거움도 없고 지옥(地獄)이 없으면 극락(極樂)도 없읍니다. 다같이 이것은 관법(觀法)의 방편(方便)이고 개오입문 (開悟入門)의 길잡이 입니다.

불교(佛教)에 지옥(地獄)과 극락(極樂)이 있듯이 인생(人生)에 는 사회(社會)와 교도소(矯導所)가 있읍니다. 교도소(矯導所)에 수감복역(收監服役)하는 동포(同胞)를 멸시(減視)하지 맙시다. 나야말로 계옥(繫獄)되어야 할 죄수(罪囚)인 것이다. 나를 대신 (代身)하여 그 동포(同胞)가 포박(捕縛) 당한다고 생각 될때는 수감복역경험(收監服役經驗)없이 그리고, 좌변환경(坐邊環境) 그 대로 극락(極樂)이라고 볼 수 있읍니다. 이러한 좌변환경(坐邊環 境)을 깨달음은 우리 마음을 감격(感激)시킵니다.

80. 극락(極樂)은 어디에 정말 있을까

지옥(地獄) 극락(極樂)이 어디있을까 혹은 없을까 하나의 극 락(極樂)의 장엄수려(莊嚴秀麗)함을 여기에 전개(展開)하여서 잠시, 극락세계(極樂世界)로 가봅시다. 극락(極樂)의 설명(說明) 은 우선 그 개산(開山)인 석가여래(釋迦如來)가 경문(經文)에서 설교(設教)하였던 것 중에서 인용(引用)해 봅시다.

극락(極樂)이라 함은 범어(梵語)의 스쿠하비치의 번역한 말입 니다. 한자(漢字)로 맞추어서 수마시(須摩提), 그것을 다시 번역 하면 묘락(妙樂)이 됩니다. 또한 이 극락(極樂)을 안양(安養)이 라고도 합니다. 그 이외 무량청정토(無量淸淨土) 무량수불토(無 量壽佛土) 연화장세계(蓮華藏世界) 밀엄국(密嚴國) 청태국(淸泰 國) 등등으로도 말합니다. 하여간 여러가지 별명(別名)이 있으나 요컨데, 제반만사(諸般萬事)가 원만(円滿)해서 즐거움만 있고 고통(苦痛)이 없는 세계(世界)이므로 극락(極樂)이라고 합니다.

이러한 명명(銘命)의 유래(由來)가 어디서 왔으며 그래서 그 극락(極樂)은 어디에 있느냐 라고 하는데 대하여 경문(經文)에 쓰여 있는것을 보면 우선 아미타경(阿彌陀經)에 『여기서부터 서방십만억토(西方十萬億土)를 지나서 세계(世界)가 있읍니다. 명명(銘名)하여 극락(極樂)이라고 한다.

그 극락(極樂)에는 아미타여래(阿彌陀如來)가 계셔서 지금도 아직까지 법문(法文)을 설법(說法)하고 있읍니다. 그 나라의 중생(衆生)은 아무런 고통(苦痛)없이 모든 즐거움만 받게 됩니다. 그래서 극락(極樂)이라고 명명(銘名)한 것입니다.』라고 쓰여있읍니다.

무량수경(無量壽經)에는 『법장보살(法藏菩薩)은 지금 이미 성불(成佛)하여 서방(西方)에 있으며 이곳을 지나기를 십만억찰(十萬億刹), 그 불세계(佛世界)를 말해서 안락(安樂)이라고 합니다.』

비장경(秘藏經)에는 『화장세계(華藏世界)는 최상의 묘약(妙藥)이 그중에 있으므로 극락(極樂)이라 합니다. 즉(卽) 극락(極樂)과 화장(華藏)과는 호칭(呼稱)이 달라도 같은 곳입니다』라고 쓰여있읍니다. 요컨데 극락(極樂)의 주인공(主人公)은 아미타여래(阿彌陀如來)입니다.

이 이외에 경문(經文)에 쓰여있는 곳이 매우 많으나 모두가 대동소이(大同小異)하며 천태대사(天台大師)의 유문(遺文)에는 『제경(諸經)에는 모두가 많이 미타(彌陀)를 찬양(讚揚)하고 있다.』

라고 쓰여 있읍니다.

칭찬정토경(稱讚淨土經)에서는 『이 세계에서 백천나유다(百千那由多)의 불토(佛土)를 지나서 불세계(佛世界)가 있으며 그것을 극락(極樂)이라고 한다. 그 가운데 거주(居住)하신 세존(世尊)을 무량수(無量壽)및 무량광(無量光)이라고 합니다. 그래서 무량수(無量壽), 무량광(無量光) 두개를 합하여 아미타(阿彌陀)로 통칭(通稱)하고 있으므로 무애광불(無碍光佛) 진십방무애여래(盡十方無如來)등의 별명(別名)도 있읍니다.

아미타여래(阿彌陀如來)의 유래(由來)는 잘 아시다시피 정토(淨土) 삼부경(三部經)의 소설(所說)에 의하면 『옛날 국왕(國王)으로 탄생(誕生)하시여 세자재왕불(世自在王佛)의 감화(感化)에 의하여 불교(佛敎)로 들어 와서 법장보살(法藏菩薩)이라고 했읍니다. 오겁(五劫)에 사유(思惟)하여 사십팔원(四十八願)을 건립(建立)하고저 이것을 실현(實現)시키기 위하여 불가사의(不可思議) 초재영겁(超載永劫)의 훈련수도(訓練修道)를 관철(貫徹)하고 지금부터 십겁(十劫)의 옛날에 사십팔원(四十八願)에 응수(應酬)하여 미묘장엄(微妙莊嚴)의 정토(淨土)를 서방(西方)에다가 건립(建立)했읍니다. 그것이 바로 극락(極樂)입니다.

스스로 아미타불(阿彌陀佛)이 되시고 그 강토(疆土)에 거주(居住)하면서 현재(現在)까지 설법이생(說法利生)에 종사(從事)하고 있읍니다.』라고 쓰여 있읍니다. 진종(眞宗) 정토종(淨土宗) 융통염불종(融通念佛宗)등이 이 아미타불(阿彌陀佛)을 본존(本尊)으로 귀의(歸依)함은 물론 니찌렌종(日蓮宗)만 제외(除外)하고 천태(天台), 진언(眞言)등 각종파(各宗波)가 모두 이 불타(佛

陀)의 신앙(信仰)을 가지고 있읍니다.

극락(極樂)은 어떠한 곳이냐 하면 칠보(七寶)의 수림(樹林) 칠보지(七寶池) 천락우화(天樂雨華)등으로서 장식(裝飾)이 완비(完備)되고 생멸(生滅)이 없으며 영구(永久)히 죽음이 없다고 하니 이러한 훌륭한 곳이 다시 또 없읍니다.

극락(極樂)의 정체(正體)와 유래(由來)를 알았다고 하여도 그 극락(極樂)이 어디있느냐하면 서방십만억토(西方十萬億土)에 있읍니다. 보통 우리들의 견해(見解)로서는 그것은 죽은 후에 온다고 합니다. 그리고 임종(臨終)때 아미타여래(阿彌陀如來)가 관음(觀音), 세지(勢至) 두 보살(普薩)을 협시(協侍)해 가면서 내현(來現)하여 사망자(死亡者)의 영혼(靈魂)을 영접(迎接)하신다고 합니다. 이것은 관무량수경중(觀無量壽經中)의 구품왕생(九品往生)에 쓰여있는 설(說)입니다. 하여간 십만억토(十萬億土)라고 하므로 가장 먼 곳인듯 하오나 사실(事實)은 남여(男女) 사이와 같이 먼듯 하면서도 가까운 곳입니다.

청관음경(請觀音經)에는 『여기를 떠나서 얼마되지 않은곳에 불세존(佛世尊)이 계십니다.』라고 쓰여 있읍니다.

관경선도소(觀經善導疏)에는 『길이 멀다 하더라도 일념(一念)으로 가면 곧 도착(到着)한다.』

이 점(點)이 매우 재미(滋味)있는 것이며 서방(西方)도 동방(東方)도 없고 그 몸체 그대로 고생(苦生)하고 있는 지옥(地獄)이며, 즐겁게 지내는 곳이 극락(極樂)입니다. 반드시, 일단(一旦) 정토(淨土)에 왕생(往生)하여 돌아올 필요(必要)가 없다고 합니다. 진실불심(眞實佛心)을 체득(體得)하여 고생(苦生)이 해탈(解

脫)되면 그 몸체 그대로가 극락(極樂)의 생애(生涯)입니다.

바꾸어 말하자면 그믐날이 지옥(地獄)이고 설날이 극락(極樂)입니다. 설날이야 말로 방방곡곡(坊坊谷谷)그대로 극락(極樂)입니다. 그러므로 극락은 현실중(現實中)에서도 있다고 생각합니다. 우리들은 설날하루로서 그치지 않고 초이일(初二日) 초삼일(初三日)도 언제가지나 극락세계(極樂世界)로 만듭시다. 그래서 우리모두가 극락(極樂)의 거주자(居住者)가 되어봅시다.

81. 악마(惡魔)란 것은 무엇이냐

지옥극락(地獄極樂)을 말할때 당장 연상(聯想)되어서 나타나는 것이 악마(惡魔)이고 염마대왕(閻魔大王)입니다.

염마대왕(閻魔大王)이라 함은 지옥(地獄)의 총수(總帥)이고 망령(亡靈)의 죄(罪)의 심판자(審判者)임은 모두가 잘아는 일입니다.

그러나 현대(現代)와 같이 선인(善人)이 망(亡)하고 악인(惡人)이 번성(繁盛)하며 무엇이든지 간사하고 잔 꾀가 많고 억질이 강(强)한자가 성공(成功)하는 세상(世上)에서, 우직자(愚直者)가 아무리 선근(善根)을 쌓아도 사회(社會)의 낙오자(落伍者)가 된다는 시대(時代)에 있어서는 염마대왕(閻魔大王)은 단순(單純)하게 명부법왕청(冥府法王廳)에만 앉아 계시지 말고 선두(先頭)에 나서서 이 사바세계(娑婆世界)에 들어와 어떻게 든지 살아있는 사람들을 재판(裁判)하실수 없을까요. 사바(娑婆)에는 재판소(裁判所)가 있고 교도소(矯導所)도 있고, 판검사(判檢事)도 있고 옥졸(獄卒)도 있으며 모든 제도(制度)가 완비(完備)해 있읍니다.

특히 판사(判事)가 법복(法服)을 입고 엄연(嚴然)히 앉은 모습은 실(實)로 위풍당당(威風堂堂)합니다. 그러나 판사(判事)도 사람이고 신이 아닙니다. 염마대왕(閻魔大王)과 같이 망령생전행상(亡靈生前行狀)을 투시(透視)하는 안광법력(眼光法力)은 없읍니다.

그러므로서 『소도(小盜)는 포박(捕縛)되어도 대도(大盜)는 나라를 뺐는다』라고 하는 고약한 비판가(批判家)도 나옵니다. 우직(愚直)한자가 어리둥절하면 교도소(矯導所)로 끌려감과 동시(同時)에 잔꾀부리는 자는 법망(法網)을 빠져 나돌아다니며 영화(榮華)를 과시(誇示)하는 실정(實情)입니다.

오늘날 교도소(矯導所)에 수감(收監)된자가 모두 악인(惡人)으로 단정(斷定)할 수 없으며 따라서 영화(榮華)를 누린자 모두가 선인(善人)이라고 누가 보증(保證)하겠읍니까?

선인(善人)이 잘되고 악인(惡人)이 망한다는 옛날 금언(金言)은 현대(現代)에 있어서는 완전히 파괴(破壞)되어 있읍니다. 그러나 불교(佛敎)에서는 삼세인과(三世因果)의 이치(理致)로서 이것을 해결(解決)하고 있읍니다.

즉 회개(悔改)하고 깨달으면 현세내세(現世, 來世)에 있어서 바랄것이 아무것도 없읍니다. 세상(世相)의 일영일락(一榮一落)이 물론(勿論) 바람결 같읍니다. 그것이 우리들의 목표(目標)에는 틀림없으나 하여간 이렇게 세상(世上)이 탁(濁)해서 악인(惡人)이 번성(繁盛)한다면 우리들 범부(凡夫)는 어떻게 구조(救助)되기가 어려울 것입니다.

　악마(惡魔)라는 것은 범어(梵語)의 『마라』이며 번역하여서 능탈명(能奪命), 장응(障凝), 요란(擾亂), 파괴(破壞)등으로 말합니다.

　인명(人命)을 해(害)치고 사람의 좋은일을 방해(妨害)하는것을 직분(職分)으로 합니다. 욕계(欲界)의 제 6 천주(天主)를 마왕(魔王)으로하여 그 권족(眷族)을 마민마인(魔民魔人)이라고 하므로 파사론(婆沙論)에서는 『무슨까닭으로서 마(魔)라고 하느냐』 대답하기를 『수명(壽命)을 끊음으로써 마(魔)라고 부른다.』등으로 쓰여 있읍니다. 지도론(智度論)에는 사마(四魔)라는 것이 들추어지고 있읍니다.

　탐욕등(貪欲等)의 번뇌(煩惱)가 가장 심신(身心)을 해(害)치므로 번뇌마색업(煩惱魔色業)의 오음(五陰)이 가장 여러가지 고뇌(苦惱)를 발생(發生)시키므로서 음마(陰魔), 사람의 좋은 일을 해(害)치므로서 재천마(在天魔), 무상(無常)에서 사멸(死滅)시키므로서 사마(死魔)라고 하는 것들이 있읍니다.

　열반경(涅槃經)에는 팔마(八魔)라는 것이 쓰여있고, 화엄경(華嚴經)에는 십마(十魔)라는 것이 들추어지고 있다. 그 중 8번째부터 3개는 3마(魔)라고 한다. 삼미선정(三味禪定)을 해(害)치므로서 삼미마선지식(三味魔善知識)을 방해(妨害)하여 사람의 개도(開導)가 되지않게 하므로 선지식마(善知識魔) 지(智)에 집착(執着)하여 보리심(菩提心)을 해(害)치므로서 보리심마(菩提心魔)라고 한다.

　악마(惡魔)는 불타(佛陀)의 정면(正面)의 적(敵)입니다. 그러면 악마(惡魔)는 어디있느냐고 보면 경전(經典)의 기록(記錄)에

야차(夜叉)

나찰(羅刹)과
더불어
비사문천(毘沙門天)의
권족(眷族)이
되어서
북방(北方)을
수호(守護)를
한다.

번역(翻譯)
하면 폭악
(暴惡)의
귀신(鬼神)의
이라 한다.

178

의하면 그는 천계(天界)에서 거주(居住)한다고 합니다. 그래서 선행(善行)을 하고저 하는자가 있으면 여러가지로 변신(變身)하여 나타나서 방해(妨害)를 한다고 한다.

대지도론(大智度論)에는 악마(惡魔)가 부녀자(婦女子) 또는 승려(僧侶)등으로 혹은 불신(佛身)으로 변신(變身)하여서 불도수행(佛道修行)하는 사람에게 가해(迦害)하는 수도 있읍니다.

석존(釋尊)이 보리수(菩提樹)하에서 등정각(等正覺)을 이루었을때 노호규환(努號叫喚)소리가 천유순(千由旬)이나 먼곳에서 일어나 악마(惡魔)의 군세(軍勢)가 한꺼번에 공격(攻擊)해 왔다고 합니다.

그 광경(光景)이 얼마나 무서웠든지 그 소재를 더욱이 자세하게 탐구(探究)하니 악마(惡魔)는 자신의 마음속에 있었읍니다.

성불향상(成佛向上)의 일로(一路)를 방해(妨害)하는것이 즉 악마(惡魔)입니다. 석존(釋尊)의 성도(成道)를 방해(妨害)코져 공격(攻擊)하던 천백마군(千百魔軍)이라는 것도 실은 석존(釋尊) 자신(自身)의 마음속에서의 마음의 투쟁(鬪爭)과 고뇌(苦惱)를 표시(標示)한 것입니다. 불마(佛魔)의 사이가 종이 한 장 사이라고 하나 우리들의 마음이 때로는 불타(佛陀)가 되고 때로는 악마(惡魔)가 되기도 합니다. 그러한 모습이 범부(凡夫)의 경우입니다. 그래서 우리들의 일상생활(日常生活)에 바라기를 그 내심(內心)에서 악마(惡魔)를 물리쳐야 합니다. 악마(惡魔)가 물러나가면 불심(佛心)이 나타날 것입니다.

82. 염마대왕(閻魔大王)이란 무엇이냐?

염마대왕(閻魔大王)이라고 함은 잘 아시다시피 지옥(地獄)에 끌려오는 망령(亡靈)의 생전의 죄(罪)를 심판(審判)하는 명부(冥府)의 총수(總帥)로서 악인위포(惡人畏怖)의 촛점(焦點)이 되어 있읍니다. 염마(閻)는 범어(梵語)의 야마라자의 음역(音譯)입니다. 속세에서는 악마(惡魔)로서 만으로 상상(想像)되어 왔으나 그 사실(事實)에 있어서는 악(惡)한 자의 악행(惡行)을 책망하고 그치도록 하여야 하므로서 다시 악(惡)을 조성(造成)하지 못하도록 하는 자비(慈悲)의 변화(變化)입니다. 그러므로 이것을 음역(音譯)하여 정식(靜息) 또는 차지(遮止)라고도 합니다. 십륜경(十輪經)에는 지장(地藏)의 화신(化身)이라고도 하여 또한 미래세(未來世)의 불타(佛陀)가 되어서 보왕여래(普王如來)라고도 합니다. 또한 박(縛)이라는 음역(音譯)이 있읍니다. 죄인(罪人)을 포박(捕縛)한다는 의미 입니다. 인도교(印度敎)에 자세(仔細)하게 포교(布敎)되기를 염마대왕(閻魔大王)을 야마라고도 하고 그 여동생을 야미라고 합니다. 오빠는 일체(一節)의 남자(男子)를 심판(審判)하고 여동생 야미는 일체(一切)의 여성(女性)을 심판(審判)합니다. 다같이 지옥왕(地獄王)이므로 쌍왕(雙王)이라고도 명명(銘命)합니다. 일설(一說)에는 염마(閻魔)는 이렇게 왕위에 있어서도 더구나 1일 3회씩 악마(惡魔)들에게 동열탕(銅熱湯)을 입으로 마시게 하여서 고락(苦樂)을 똑같이 이행(履行)하므로서 쌍(雙)이라고도 말한다고 포교(布敎)되어 있읍니다. 그래서 염마라(閻魔羅)의 의역(意譯)이 고락병수(苦樂並受)로 되어 있읍니다.

불공평(不公平)없이 일체평등(一切平等)하게 죄(罪)를 다스리므로서 평등왕(平等王)이라는 이름이 있읍니다.

기세경(起世經)에 쓰여 있기를 염마왕청(閻魔王廳)은 염부시(閻浮提)의 남쪽 철위산(鐵圍山)의 외부(外部)에 있읍니다. 가로 세로 넓이가 육천유순(六千由旬)이고 칠보장식(七寶裝飾)으로서 장엄(莊嚴)하게 축조(築造)되어 있읍니다. 대왕(大王)은 이러한 지옥(地獄)의 왕자로서 항상(恒常) 18명의 장관(將官)과 8만명의 옥졸(獄卒)을 거느리고 사바(娑婆)의 유정(有情)의 사망(死亡)으로서 지옥(地獄)에 왔는자를 심판(審判)하여 이것을 징벌(懲罰)하고서 그 이상(以上)의 악(惡)에 빠지지 않도록 함 입니다. 이상(以上)이 경문(經文)에 쓰여있는 것이다. 인도신화(印度神話)에 의하면 태양신(太陽神)의 총수자식(總帥子息)이 야마 였읍니다. 야마는 생물(生物)로서는 처음으로 이 세상(世上)에 태생(胎生)하여 왔으므로 따라서 최초에 이 세상(世上)을 떠나서 타계(他界)로 가는 길을 발견(發見)하였읍니다.

그래서 뒤따라서 타계(他界)로 가는 사자(死者)를 위하여 길을 가르치는 신(神)이 되었다고 합니다. 그래서 타계(他界)로 가는자는 반드시 그 선달자(先達者)인 야마의 심판(審判)을 받아야 될것이라는 상상(想像)이 발생(發生)하여 명부(冥府)의 법청(法廳)이 발상(發想)되어 오기도 하였다. 그래서 법청(法廳)의 광경(光景)이 전개되어 갑니다. 우선 망령생전(亡靈生前)의 일체행상(一切行狀)이 모두 알려져 있으므로 변호(辯護)의 여지가 없읍니다. 사바(娑婆)의 재판관(裁判官)은 사람이므로 가끔 오판

(誤判)이 있으나 이 법청(法廳)에서는 털끝만치도 틀림이 없으므로 망령(亡靈)은 여부(如否)없이 끓어업드려서 벌(罰)을 받게됩니다.

그래서 대왕(大王)은 기록(記錄)에 의하여 선악(善惡)의 경중(輕重)을 결정하고서 선행자(善行者)는 극락으로 보내고 죄(罪) 있는 자는 각자(各自) 그 죄량(罪量)에 따라서 21종의 지옥중(地獄中) 어디로 송치(送致)할까를 결정 선고(宣告)합니다.

혹은 축생류(畜生類)등의 형체(形體)로 변경(變更)시켜서 지상(地上)에 재생(再生)시킨다는 내용(內容)도 있읍니다.

이러한 신화(神話)도 있읍니다. 어떠한 왕의딸 사비도리공주(公主)가 어떠한 은자(隱者)의 자식(子息) 사다라 라는 청년(靑年)과 연애(戀愛)를 했읍니다. 그랬더니 어떠한 성자(聖者)가 남모르게 공주(公主)에게 말하기를 『그 청년의 수명(壽命)은 앞으로 1년밖에 남지 않으니 행복한 연애가 안됩니다. 나중(乃終)에 슬픈꼴을 보기보다는 지금부터 단념(斷念)하는 것이 좋습니다』라고 주의(主意)시켰읍니다. 그러나 공주는 연애일념(戀愛一念)을 관철(貫徹)시켜서 애인(愛人)에게 가버렸읍니다. 1년후 어떤 삼림(森林)속에서 남편(男便)이 사망(死亡)했읍니다. 공주(公主)는 남편유해(男便遺骸)를 안고서 임종(臨終)한 그 얼굴을 눈물 흘리면서 바라보았읍니다. 그러자 그의 안전(眼前)에 우울하고 무서운 표정(表情)을 한 이형(異形)의 모습이 나타났읍니다. 그 것은 염마대왕(閻魔大王)이였읍니다.

『나는 사망(死亡)의 총수(總帥) "야마"이다. 너의 남편의 영혼(靈魂)을 데리로 온것이다.』라고 말씀하시고서 엄지손가락크기만한 영혼(靈魂)을 붙잡고서 포박(捕縛)하여 끌고 갔읍니다. 생명력(生命力)이 없어진 남편의 몸체는 급속(急速)하게 석회(石灰)와 같이 차가와졌읍니다. 정열(貞烈)한 사비도리공주(公主)는 남방(南方)으로 끌려가는 남편의 영혼(靈魂)을 잡고 늘어지면서 야마의 제지(制止)함도 듣지 않았읍니다. 야마는 그 정열(貞烈)에 감동(感動)하여 남편을 현세(現世)로 되돌려주고서 재생(再生)시켰다고 합니다.

또 한가지 이러한 로맨스가 있읍니다. 염마(閻魔)가 범천(梵天)의 딸 비이쟈양(孃)에게 연애(戀愛)를 고백(告白)했으나 딸은 괴이(怪異)한 모습을 두려워하여 응(應)하지 않았다. 그래서 야마는 온화(溫和)한 미남자(美男子)로 화신(化身)하여서 비이쟈양(孃)을 설득(說得) 시켰으므로 결국(結局) 결혼(結婚)했읍니다.

야마는 남방(南方)에 가서는 안되니 조심(操心)하라고 주의(注意)시켰으나 그녀는 남편이 남방(南方)에 그 애인(愛人)을 숨겼으리라고 잘못 알고서 어느날 밤 아무도 모르게 남방(南方)에 가 보았읍니다. 거기에는 의외로 많은 죄수(罪囚)들이 고통(苦痛)을 당하고 아비규환(阿鼻叫喚)의 소리가 소란스러웠읍니다. 그 망령중(亡靈中)에서 그녀의 어머니가 있음을 발견(發見)하고서 급히 되돌아와서 그 어머니를 고뇌중(苦惱中)의 고통(苦痛)에서 구조(救助)해 주기를 애원(哀願)했다. 남편 야마는 『그것은 사바(娑婆)에 잔존(殘存)하는 사람들이 추복(追福)의 선행(善行)을 올리고 그 공덕(功德)이 망령(亡靈)에 가도록 하는 도리밖에 없다.』라고 말했으므로 그녀는 고심고생(苦心苦生)하여 추선공양(追善供養)을 올렸읍니다. 그래서 그녀의 어머니는 그 고뇌(苦惱)

에서 구조(救助)받았다고 합니다. 이러한 이야기로서 염마(閻魔)의 정체(正體)와 그 진의(眞意)가 어떠한 것인가는 대략(大略) 명백(明白)해 졌읍니다.

십왕경(十王經)에 의하면 염마왕(閻魔王)과 같은 왕(王)이 10명 있어서 각자 시일(各自時日)을 달리하여 각자(各自)의 담당 기일(擔當期日)에 망령(亡靈)을 심판(審判)합니다. 즉 망령(亡靈)이 7일째마다 7회씩 모두가 엄정(嚴正)하게 심판(審判)하므로서 죄수(罪囚)는 겁이나지만은 그 진의(眞意)는 자비(慈悲)에서 시행(施行)되는 것입니다.

즉 십왕(十王)의 본신(本身)은 부동명왕(不動明王)이고 석가여래(釋迦如來)이며 혹은 문수(文殊), 보현(普賢), 지장(地藏), 미륵(彌勒), 약사(藥師), 관음(觀音), 세지(勢至), 아미타(阿彌陀)라는 모습이 되어있읍니다. 이러한 보살(菩薩)의 심원(心願)이 지옥의 십왕(十王)으로 가식화신(假食化身)하여 망령(亡靈)의 죄(罪)를 심판(審判)하여 없애고 구조(救助)코저 하므로 염마대왕(閻魔大王)은 자비(慈悲)의 화신(化身)이라고도 할 수 있읍니다.

그리고 망령(亡靈)의 체벌(體罰)은 7일째마다 7회 49일 기중(忌中)이고 백일째 일주기(壹週忌) 삼주기(參週忌)로 차례차례 단죄(斷罪)됩니다.

83. 극락(極樂)으로 가는길

어떻게하면 극락(極樂)에 갈 수 있을까? 미타(彌陀)의 본원

(本願)은 십악오역(十惡五逆)인자도 한사람도 빠지지 않고 구조(救助)코저 합니다. 즉 다만 불력(佛力)에 의하여 왕생(往生)된다고만 믿으면 어떠한 악인(惡人)일지라도 임종(臨終)때는 반드시 극락(極樂)에 갈수있다고 가르치심은 사실(事實)이다.

그것은 불교(佛敎)의 전반적(全般的)인 대의(大意)입니다. 어떠한 대죄(大罪)를 범(犯)하여도 본원(本願)을 믿는다면 당장 극락(極樂)으로 갈 수 있는 것이며 미타(彌陀)의 본원(本願)이 또한 그렇다면 세상해독(世上害毒)이 쉽게 구조(救助)될 것입니다.

본원신앙(本願信仰)을 가진 후(後)로 부터의 행실(行實)에서 자연(自然)히 선(善)을 수행(修行)하고 악(惡)을 멀리함으로써 결국(結局) 신심(信心)의 공덕(功德)에 의하여 극락(極樂)으로 간다는 것은 다소간(多少間)의 선(善)에 가까와지고 악(惡)을 멀리하는 일이 되기는 하오나 그것은 필경(畢境) 정도문제 일 것입니다.

신앙이후(信仰以後)에도 행실(行實)이 나쁘면 그것은 신앙중(信仰中)에 있어서도 극락(極樂)에 가지 못합니다. 또한 행실(行實)이 좋은자만 왕생(往生)한다면 본원(本願)이라는 것이 공문(空文)이 될것입니다. 선행(善行)을 수행(修行)하고서 악행(惡行)을 조심(操心)한다는 것도 필경(畢境) 정도문제(程度問題)이고 인간으로서 미진(微塵)의 소악(小惡)이 없을수 없읍니다. 그렇다면 어느정도(程度)까지의 소악(小惡)이 왕생(往生)에 지장(支障)이 없고 어느정도 이상(程度以上)의 소악(小惡)은 왕생(往生)에 지장(支障)이 있다고 할 것이 겠읍니까? 그 한계(限界)를 정(定)하기가 매우 어렵습니다.

한계(限界)없이 소악(小惡)을 가볍게 본다면 그대로 습관화(習慣化)해서 드디어 쌓여서 대악(大惡)도 두려워하지 않게 됩니다.

대경(大經)에서도 『소미(小微)를 범(犯)하다가보면 그것이 어느듯 쌓여서 대악(大惡)이 되어버립니다』라고 쓰여있읍니다. 신앙후선행(信仰後善行)은 물론필요(勿論必要)하나 조심(操心)하면서도 아직도 범(犯)할 수 있는 소악(少惡) 또는 대악(大惡)은 악인정기(惡人正機)의 이치(理致)에 따라서 구조(救助)는 되기는 하나 그렇게 소악(小惡)이 쌓인체로 극락(極樂)으로 갈 수 있다고 막연(莫然)하게 생각하는 것은 매우 잘못입니다. 그렇다면 미타(彌陀)의 본원(本願)은 악인(惡人)을 먼저 구조(救助)한다는 설(說)이 틀린일이냐하면 절대(絶對)로 틀린것은 아닙니다.

다만 이 일을 해석(解釋)하는데 있어서 오해(誤解)하는자가 많읍니다. 악인우선구조(惡人優先救助)라는 것은 부모(父母)가 자식(子息)을 사랑함에 있어서 건전(健全)한 자식(子息)보다도 불구백치(不具白痴)가 된 자식(子息)에게 부모(父母)의 사랑이 가증(加增)된다는 이치(理致)와 같이 미타(彌陀)의 비원(悲願)은 심신백치자(心身白痴者)라면 과연(果然) 이것을 불쌍하게 보고서 우선 이것부터 구조(救助)하시고저 하심을 표시(標示) 하셨읍니다.

즉 악(惡)이라고 알면서 악(惡)을 범(犯)하는자(者)를 그대로 극락(極樂)에 구조(救助)한다는 것이 아니고 악(惡)에 빠지게된 자(者)를 공덕(功德)의 땅으로 유도(誘導)하여 구조한 후에 이것을 극락(極樂)으로 보낸다고 합니다. 악(惡)을 범(犯)하면서 임

186

파수(婆藪)라는 선인(仙人)

파라문(婆羅門)의 시초(始初)로
살생(殺生)을 하고서 하늘에 제사(祭事) 지내다가
산채로 지옥(地獄)에 떨어졌으나 대광명력(大光明力)에
의하여 지옥(地獄)을 빠져나와 부처님 앞으로 갔다.

종후(臨終後)에 극락(極樂)에 간다는 일은 없읍니다.

악인(惡人)이 선인(善人)으로 된 이후에 비로소 극락(極樂)으로 갑니다. 미타(彌陀)의 자비(慈悲)는 그 악(惡)을 선(善)으로 개조(改造)코저함에 있읍니다. 악인(惡人)이 선인(善人)으로 개조(改造)되어야 하며 악인자체(惡人自體)가 극락(極樂)으로 가는 일이 없읍니다. 중생이 미타에 귀의할 때는 악(惡)이 변경되어 당장 선(善)이 되어서 죄상(罪狀)이 거기서 소멸되므로 비로소 미타의 자비에 구조를 받는 것입니다. 중생(衆生)이 미타(彌惰)에 귀의(歸依)한다면 어떠한 양상(樣相)으로 죄상(罪狀)이 소멸(消滅) 하는가 하면 중생(衆生)의 죄상(罪狀)은 심중무량(深重無量)이기는 하나 그 근본(根本)은 다만 하나의 무명(無名)에서 일어납니다. 미타(彌陀)는 지혜(智慧)의 극치(極致)이므로 일념(一念)으로 여기에 귀의(歸依)할 때 즉시 무명(無名)의 근본(根本)이 끊어지므로 업(業)으로서 범(犯)할 만한 것도 없고 따로 지장(支障)이 있지도 않읍니다.

가령 천년암실(千年暗室)도 광채(光彩)가 한번 비치면 즉시 명랑(明朗)하게 됨과 같으며 불지(佛智)가 진정(眞正)을 바치면 무명(無明)의 어두움을 헤치고 죄상(罪狀)이 당장 소멸(消滅)됩니다.

그래서 대경(大經)에는 『혜일(慧日)이 세상(世上)을 비쳐서 생사(生死)의 구름을 제거(除去)한다』라고 쓰여있읍니다.

미타(彌陀)에 귀의(歸依)하고서 극락(極樂)에 가는 실행방법(實行方法)에 대하여서는 관경서문(觀經序文)에 『그나라에 환생(還生)코저 하는자는 반드시 삼복(三福)을 수행(修行)할것입니다. 一에는 부모(父母)에게 효도(孝道)하고 스승을 섬기고 자비심(慈悲心)으로서 살생(殺生)을 금(禁)하고 십선행(十善行)을 수행(修行)할 것입니다.

二에는 삼귀(三歸)를 받고저 중계(衆戒)를 지키고 위의(威儀)를 가지고 보살심(菩薩心)을 발기(發起)하여 인과(因果)를 믿고 대승(大乘)을 독송(讀誦)하여 행자(行者)를 권진(權進)시켜야 합니다. 이러한 세가지 일을 정업(淨業)이라고 한다.

이 삼종(三種)의 업(業)은 『과거, 현재, 미래, 삼세제불(三世諸佛)의 정인(正因)이다』라고 쓰여있읍니다. 또한 아미타경(阿彌陀經)에는 『만약 선남자(善男子) 선여자(善女子)가 있어서 아미타불(阿彌陀佛)의 설법(說法)을 듣고서 명호(名號) 집지(執持)하기를 1일 내지 7일간 지성(至誠)을 다하면 왕생(往生) 할 수 있다』라고 쓰여있읍니다.

어떠한 경(經)을 보더라도 악행(惡行)을 하면서 임종(臨終)때 극락환생(極樂還生)된다는 포교(布教)는 없읍니다.

84. 극락정토(極樂淨土)의 本質

범부(梵夫)의 신분(身分)으로서 성도문(聖道門)에 나가기 어려운 것은 말할 필요(必要)조차 없읍니다. 그러나 일단(一旦) 불문(佛門)에 들어와서 넓게 중생(衆生)을 제도(濟度)코저 결심(決心)하였다면 신명(身命)을 아끼고 약(弱)한 마음을 가져서는 안 됩니다.

용수보살(龍樹菩薩)도 그 저서(著書) 십왕비파사론(十往毘婆

婆論) 중에서『사람들이 만약 입지(立志)하여 소원(所願)을 세우고 무상도(無上道)를 구하고저 하여 아직도 불퇴전(不退轉)의 결심이 없으면 결코 중도(中途)에서 신명(身命)을 아껴서는 안됩니다. 불도(佛道)를 구(求)하는 길은 삼천대천세계(三千大千世界)를 들추는 것 보다도 무겁게 생각해야 합니다.

불퇴전(不退轉)의 경지(境地)까지 되기는 매우 어렵읍니다. 오랜시일(時日)이 걸리고서 겨우 약간 도착(到着)될 따름 입니다. 역행지도(易行之道)를 선택(選擇)하고저 함은 겁약하열(怯弱下劣)된 말입니다. 대승(大乘)을 수학(修學)하는자는 그 마음씨가 견강(堅剛)하여야 됩니다.』라고 쓰여 있읍니다. 즉 만난(萬難)을 헤치고 신명(身命)을 받쳐서 진행(進行)할 각오(覺悟)가 있어야 됩니다.

그렇다면 역행도(易行道)의 정토문(淨土門)에는 나아가지 않아야 되느냐고 물으니 용수보살(龍樹菩薩)은 또다시 다음과 같이 말씀하셨읍니다.

『불법(佛法)에는 무량(無量)의 문(門)이 있다고 합니다. 세상(世上)길에는 어려운것과 쉬운 것이 있읍니다. 가령 먼 길을 걷는것은 고생(苦生)이 되나 차(車)타고 가는것은 즐거움과 같은 것입니다. 불도(佛道)도 또한 이와 같으며 혹은 근행정진(勤行精進)하는자도 있으며 또는 신앙방편(信仰方便)을 가지게 되고 쉽게 불퇴전(佛退轉)의 경지(境地)에 들어 설수 있읍니다.』라고 했읍니다.

따라서 미타선택(彌陀選擇)의 본원(本願)으로하여 넓게 중생(衆生)을 제도(濟度)할 수 있다고 설파하였읍니다.

이 미타초세본원(彌陀超世本願)이라는 것은 승려남녀(僧呂男女)의 구별(區別)없이 모두가 다같이 그 이익(利益)의 혜택(惠澤)을 입게됩니다. 그 법덕(法德)은 성불(成佛)의 지름길이며 그 수행(修行)은 일념 십념(一念十念)도 아직 부족(不足)하다고 하여 임종순간(臨終瞬間)까지 또한 그 혜택(惠澤)을 받을수 있읍니다. 그래서 성도문(聖道門)은 지자(智者) 현자(賢者)의 가르침이고, 정토문(淨土門)은 우인범부(愚人凡夫)의 가르침이라 함은 세상(世上)에서 통상적(通常的)으로 말하는 사실(事實)이기는 하나 단순(單純)하게 현우(賢愚) 분별(分別)만으로서 단정(斷定)할 수가 없는 일이다.

그 성도(聖道)라는것은 이미 오도개척(悟道開拓)한 성자(聖者)가 나아갈길 이라는 의미(意味)입니다. 그러므로 아직도 번뇌(煩惱)를 끊치못한 범부(凡夫)는 능(能)히 나가지 못한다고 해서 여기서 범부(凡夫)에게 쉽게 성위(聖位)에 도달(到達)시키고저 하는것이며 여기서 준비(準備)된 것이 정토문(淨土門)입니다. 그래서 이 범부역행(凡夫易行)의 정토문(淨土門)에 들어설때는 빨리 불퇴전(不退轉)의 경지(境地)에 들어서야 불과(佛果)를 얻을 수 있읍니다. 이렇게하여 불과(佛果)를 얻은후에 성도(聖道)로 가서 중생(衆生)에게 혜택(惠澤)을 주는데 이것은 마치 파도중(波濤中)의 물새(水鳥)가 마음대로 놀고 있는 모양과 같읍니다.

아직 불퇴전(不退轉)의 경지(境地)에 이르지 않고서 성도(聖道)로 향하여 불과(佛果)를 얻고저 함은 닭이 오리흉내 내서 물속에 들어가서 익사(溺死)함과 같은것입니다.

그렇다면 일단 정토문(淨土門)에 들어서서 다음으로 성도문

(聖道門)으로 가야될지 질문(質問)드리니 성도문(聖道門)이나 정토문(淨土門)은 수행과정(修行課程)의 난이(難易)를 구분(區分)한 것입니다. 이미 불과(佛果)를 이룩하고 무상도(無上道)에 들어간 후에는 성정이문(聖淨二門)에서 망서려서는 아니됩니다.

정토(淨土)의 가르침으로서 대승지극(大乘至極)의 법문(法文)이 된다하나 그 아미타여래(阿彌陀如來)가 계시는 극락정토(極樂淨土)는 멀리 서방(西方)에 있으므로 현신(現身)그대로 당장 갈수가 없습니다. 극락왕생(極樂往生)을 소망(所望)하는자(者)는 죽은후에 그 땅에 감으로서 비로소 성불(成佛)한다는 것으로 모두가 생각하고 있으나 사실(事實)은 이러한 생각은 피상적견해(皮相的見解)입니다.

여래(如來)에는 법신불(法身佛) 보신불(報身佛) 응신불(應身佛)의 삼신(三身)이 있듯이 정토(淨土)도 또한 삼토(三土)가 있읍니다.

극락(極樂)이 서방십만억토(西方十萬億土)에 있다는 것은 방편응화(方便凝化)의 땅입니다. 이것은 즉 무위자연(無爲自然)의 경계(境界) 허공(虛空)의 묘토(妙土) 물론(勿論) 언설분별(言說分別)이 미치지 못한 곳입니다. 여기서는 즉 타락(墮落)된 중생(衆生)을 정토계(淨土界)로 인도(引導)하기 위하여 잠시 방편(方便)을 세워서 혼미(混迷)의 세계(世界)를 동쪽(東側)이라고, 회오(悔悟)의 경계(境界)를 서방정토등(西方淨土等)으로 정(定)한 것입니다.

아미타경(阿彌陀經)에서 말하는 서방십만억(西方十萬億)의 불토(佛土)를 지나서 세계(世界)가 있는데 여기를 극락(極樂)이라고 함은 그것이 때에 따라서는 방편(方便)도 되고 진실(眞實)도 됩니다.

정토(淨土)를 멀리 서방(西方)에 있다고 하고 죽은뒤에 금전옥루(金殿玉樓)와 같은 극락(極樂)에 재생(再生)한다는 것은 『혼미세계(混迷世界)』라는 것이며 십만억(十萬億)이라함은 많은 수(數)를 표시 한것이며 미망(迷妄)의 심각(深刻)함을 측정(測定)하기가 어렵다는 말이나 불토(佛土)라 함은 현실(現實)의 산천국토(山川國土)가 아닙니다. 회오(悔悟)의 세계라는 의미입니다.

유마경(維摩經)에서는 그 정토(淨土)에 대하여 다음과 같이 설명(說明)하고 있읍니다. 말씀하시기를 『진심즉보살정토(眞心卽菩薩淨土)이다. 포시지계(布施提戒), 인욕, 정진, 선정, 지혜(忍辱, 精進, 禪定, 智慧)는 이것이 보살(菩薩)의 정토(淨土)이다. 사무량(四無量) 사섭법(四攝法) 방편(方便) 삼십칠품회향심(三十七品廻向心)내지 십선(十善)등등이 모두 보살(菩薩)의 정토(淨土)이다.』

십만억토(十萬億土)를 지나서라는 말은 제불(諸佛)의 정토(淨土)가 많으나 미타선택(彌陀選擇)의 본원(本願)인 나무아미타불(南無阿彌陀佛)의 극락정토(極樂淨土)는 범부(梵夫)가 갈수있는 큰 길이며 가장 으뜸가는 회오(悔悟)의 세계라는 것입니다.

대경(大經)에서는 『수행(修行)하는 불국토(佛國土)는 회곽광대(恢廓廣大)하여 초승독묘(超勝獨妙)하다』쓰여 있읍니다. 또한 정토론(淨土論)에서는 『그 세계양상(世界樣相)을 보니 삼계(三界)의 길 위로 지나간다. 허공(虛空)과 같이 단단하고 광대(廣大)하여 끝이 보이지 않는다』라고 쓰여 있읍니다.

항염마존 (降閻魔尊)

염마대왕 (閻魔大王) 을 항복시킨다.

또한 관경(觀經)에서는

『아미타불(阿彌陀佛)은 신통여의(神通如意)하여 십방(十方)의
국내(國內)에서 변현(變現)하시는 것이 자유자재(自由自在)이며
대신변현(大身變現)하실때는 허공(虛空)이 꽉 차게 된다.』라고
쓰여 있읍니다.

대경(大經)에는 『정토(淨土)에 가는자(者)는 모두가 자연(自然)
히 허무(虛無)의 몸체가 되고 끝없는 몸체를 받는다』라고 쓰여
있읍니다. 모두를 단순(單純)한 문면(文面)에서가 아니라 깊이
그 이치(理致)를 생각해야 됩니다.

85. 지옥 극락(地獄 極樂)의 소재(所在)

지옥(地獄)이나 극락(極樂)은 대체로 어디 있을까 거기에 대
하여서는 지옥(地獄) 극락(極樂)의 양상(樣相)을 자세하게 알 수
있읍니다. 타력문에 있어서는 지옥(地獄)을 나락(奈落) 밑바닥에
있다고 하고 극락(極樂)을 서방십만억토(西方十萬億土)에 있다
고 합니다. 물론(勿論) 이것은 죽은 뒤에 들어간다는 곳으로서의
사상(思想)이라고 생각됩니다. 같은 타력문중(他力門中)에서도
위와 같은 불설문면(佛說文面)과 같이 극락(極樂)에 간다는 설
법방법(說法方法)과 또 하나는 극락(極樂)에 가서 아미타여래
(阿彌陀如來)와 동격(同格)인 대각(大覺)에 접어듭니다. 그 대각
(大覺)에 접어드는것이 극락왕생(極樂往生)하는 것이라고 해석
(解釋)하기도 합니다. 자력문(自力門)에 있어서는 지옥(地獄) 극락
(極樂)은 미오(迷悟)의 일전환처(一轉還處)라고 봅니다. 즉 회오

(悔悟)의 경지(境地)가 극락(極樂)이며 혼미(混迷)의 경지(境地)가 지옥(地獄)이라는 것입니다. 그리고 자력(自力)과 타력(他力)으로서 극락(極樂)의 소재(所在)가 많은 것이 아닙니다. 석가탄생(釋迦誕生)이전에는 지옥, 극락(地獄, 極樂)이 없었고 그 탄생이후(誕生以後)부터 비로소 지옥, 극락(地獄, 極樂)이 시작되었다고도 보지 않읍니다.

이러한 일들은 지옥(地獄)과 극락(極樂)을 연구시작(硏究試作)하기의 전제문제(前提問題)입니다.

다음으로 지옥, 극락(地獄, 極樂)이 있다고 가정(假定)하여서 누가 거기에 갈까 자기자신이 간다. 자기자신(自己自身)의 무엇이 가겠느냐 하고서 조여 생각하면 다섯자 육신(肉身)은 원래(元來)가 오대가(五大假)의 화합(和合)이였으므로 죽어버리면 그대로 재(灰)가 되고 연기(煙氣)도 없는 눈앞의 현실(現實)이므로 결국(結局) 지옥, 극락(地獄, 極樂)으로가는 것은 우리들의 마음 이라야 합니다.

그런데 그 마음이라는 것이 무엇이냐하면 그림자도 없고 형체(形體)도 없는 것이며 형체(形體)가 있는것은 반드시 파괴(破壞)됩니다. 그림자가 없고 형체(形體)가 없으므로 마음이 소실(消實)되지는 않읍니다. 즉 육신(肉身)에는 생사(生死)가 있어도 마음에는 생(生)도 없고 사(死)도 없읍니다. 소위(所謂) 무상(無相)으로 되어있읍니다. 진공(眞空)으로서 묘(妙)하게 존재(存在)하는 것입니다. 더구나 이 마음 자체(自體)는 본래(本來)가 자성(自性)이 없으며 생사(生死) 없기가 물과 같으며 이 마음이 안정(安定)되면 안심(安心)이 되고 귀화(鬼化)하면 귀심(鬼心)이 됩니다. 더구나 마음이 혼미(混迷)하여지면 지옥편로(地獄遍路)가 되고 회오중(悔悟中)에 있으면 즉 극락(極樂)의 유행(遊行)으로 됩니다.

어떤 사람이 달마대사(達摩大師)에게 질문(質問)하기를 『지옥(地獄)이란 곳이 어디에 있느냐』라고 하니 달마대사(達摩大師)가 대답(對答)하기를 『너의 마음속에 있는 탐(貪), 노(怒), 치(痴)의 삼독(三毒)에 있다』라고 대답하니 또다시 질문(質問)하시기를 『그렇다면 극락(極樂)이란것이 어디 있는가』하니 다시 대답하기를 『너의 마음속의 삼독(三毒)을 제거(除去)시킨곳이 즉 정토(淨土)인 것이다.』라고 대답했읍니다.

우리들은 이 문답(問答)과 같은 형체(形體)로서 혼미(混迷)속에 들어선 것이 지옥귀(地獄鬼)이고 회오(悔悟)길에 들어선 것이 극락(極樂)의 주민(住民)이라고 믿습니다. 바꾸어 말하자면 신앙이전(信仰以前)이 지옥(地獄)이고 신앙이후(信仰以後)가 극락(極樂)입니다.

그렇다면 육신(肉身)의 죽음후에는 정말 극락(極樂)이 있을까 혹은 없을까 하는 일은 그 생사문제(生死問題)에 미련(未練)을 두고 있는 사이에는 아직도 회오(悔悟)의 길이라고 할 수 없읍니다.

생사(生死)를 초월해탈(超越解脫)한 것이 회오(悔悟)의 경지(境地)입니다. 즉 회오(悔悟)라든가 혼미(混迷)하든가를 생각하고 있을 사이에는 진정(眞正)한 회오(悔悟)라고 할 수 없으며 지옥극락(地獄極樂)을 찾고 있는 사이는 아직도 극락(極樂)의 주민(住民)이라 할 수 없읍니다. 잡염관(雜染觀)이라함은 생연(生

緣)을 보는 것이고 청정관(淸淨觀)이라 함은 멸연(滅緣)을 보는 일입니다. 무명(無明)이 있으므로 행(行)이 발생(發生)하고 행(行)에 의하여 식(識)이 생하고 그래서 생(生)에 의하여 노병사생(老病死生) 한다고 보는것이 잡염관(雜染觀)의 순관문(順觀門)입니다. 또한 멸연(滅緣)을 본다는 것은 무명(無明)이 멸(滅)하면 행(行)도 따라서 멸(滅)하고 행멸(行滅)하면 식멸(識滅)하고 따라서 생(生)이 멸(滅)하면 노병사(老病死)도 따라서 멸(滅)한다는 것이 청정관(淸淨觀)의 순관문(順觀門)입니다. 이것을 거꾸로보면 노병사(老病死)가 멸(滅)하는 것은 생(生)이 멸(滅)하는 까닭입니다. 생(生)이 멸(滅)함은 유(有)가 멸(滅)함 입니다. 그래서 행(行)이 멸(滅)함은 무명(無明)을 멸(滅)하는 까닭이라 함이 청정관(淸淨觀)의 역관문(逆觀門) 입니다. 이 십이인연(十二因緣)을 과거(過去) 현재(現在) 미래(未來)의 삼세(三世)로 구분(區分)할 때는 과거세(過去世)에 있어서 그 마음씨가 도리(道理)에 어둡고 조악(造惡)의 행(行)을 한 자(者)는 그 인연(因緣)으로서 현세(現世)에서 식(識), 명색(名色) 육입촉(六入觸), 수(受)의 오과(五果)를 느끼고 현재세(現在世)의 애(愛) 취(取) 유(有)의 삼인(三因)을 축적(蓄積)시키므로 미래(未來)에는 생(生)과 노병사(老病死)의 이과(二果)를 받고 이렇게 하여 유전윤회(流轉輪廻)가 끝났다고 봅니다. 그렇게 삼세인과(三世因果)라 해도 눈에 보이고 손에 잡히는 것도 아니고 다만 우미(愚味)한 자(者)를 제어(制御)하기 위한 권선징악(勸善懲惡)의 방편술수(方便術數)에 지나지 않을 것이다. 즉 육체멸(肉體滅)하면 그 마음 또한 멸(滅)하여 형적(形跡)도 없어지고 그 등유(燈油)가 끊어져서 소

다기니천(茶枳尼天)

항상 사람의 뼈와 살결을
먹고 사는 귀녀(鬼女)이고
자유자재(自由自在)로
사람 수명(壽命)을
알고 있다.

훗날 대흑신(大黑神)의
교화(敎化)를 받아서
육식(肉食)을 폐지
(廢止)하고 죽은 사람의
마음만을 먹기로 허가
(許可) 받음.

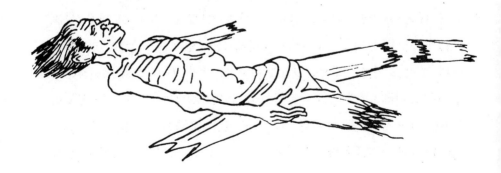

나찰천(羅刹天)

나찰녀(羅刹女)의 남편(男便)이고、
2 명의 나찰녀(羅刹女)를
권족(眷族)으로 거느리고
갑주(甲冑)를
입고 검(劍)을
잡고 있다。
공포심(恐怖心)을
조성(造成)시키는
귀신종속(鬼神種屬)
이다。

화(消火)됨과 같은 것이 아닐까? 과연(果然) 전생(前生) 후세 (後世)라는 업보(業報)의 관계(關係)가 있을 것이냐. 오히려 눈 앞의 사실(事實)을 기초(基礎)로 하여서 도(道)를 강론(講論)하 는 유교측(儒敎側)이 그 설법(說法)이 명확(明確)하지 않을까. 라고말하는 자가 많으나 그것은 천지자연(天地自然)의 도리(道 理)에 어둡고 아직도 유교(儒敎)의 본 뜻을 알지 못한 자가 말한 것입니다.

모름지기 천하(天下)의 사물(事物)에서 그 하나라도 원인(原 因)없이 결과(結果)가 없는 것이며 그 과(果)가 오면 반드시 인 연(因緣)에 의한 것이라고 합니다. 다만 그 응보(應報)가 자연 (自然)히 지속(遲速)의 차(差)가 있을 따름 입니다. 설혹 백천만 세(白千萬世)가 지난다 하여도 반드시 상감상응(相感相應)하여 하나도 틀림 없읍니다.

만약 유정(有情)의 마음은 과거세(過去世)로 부터 상속(相續) 된 것이 아니고 금세(今世)에 홀연(忽然)히 처음으로 발생(發生) 하고서 더구나 내세(來世)까지 가지않고 죽을때 다같이 멸(滅) 한다고 하면 이것은 무(無)에서 유(有)가 생(生)하고 유(有)로 부터 무(無)가 생(生)하는 것이며 눈앞의 도리(道理) 마저도 다 르고 감히 식자(識者)도 수긍(首肯)하기 어려운 논법(論法)입니 다.

역(易)에서는 『적선가문(積善家門)에는 반드시 여경(餘慶)이 있으며 적불선(積佛善)의 가문(家門)에는 반드시 여영(餘殃)이 닥친다』라고 말하고 있음은 인과(因果)의 도리(道理)를 표지(標 示)한 것입니다. 역(易)에서 말하는 것은 적선(積善)한다든가 적

불선(積不善)한다는것은 그 당사자(當事者)가 보답(報答)받는다
는 의미가 아니고 선조(先祖)의 선불선(善佛善)에 의하여 그 자
손(子孫)이 행불행(幸不幸)을 당한다는 의미이며, 동일인(同一人)
의 인과관계(因果關係)를 표시(標示)하지 않았다고 생각하는 것
도 한가지 관법(觀法)에는 틀림 없으나, 적선(積善) 또는 적불선
(積不善)하는자는 일세간(一世間)에 그 응보(應報)를 당하는 수
도 그 내세(來世)에 당하는 수도 있읍니다. 그러나 아직도 타인
(他人)이 범(犯)한 업보를 자신(自身)이 받는다는 법은 없읍니다.
즉 적선(積善)하고 또는 불적선(不積善)했던자(者)의 자식(子息)
인 되고 손자(孫子)가 되어서 출생(出生)한다는 원인(原因)은 자
손(子孫)인 그 당사자(當事者)의 전생업보(前生業報)이며 물론
(勿論) 자업자득(自業自得)의 도리(道理)에 지나지 않읍니다. 만
약 부모(父母)의 선불선(善不善)이 반드시 자손(子孫)의 화복(禍
福)이 된다고 하면 자식(子息)없는자의 여보(餘報)는 어디로 갈
것이냐. 매우 모순(矛盾)되는 말이다.

유교(儒敎)도 또한 삼세인과사상(三世因果思想)에서 『선(善)
을 행하면 여기에 백상(百祥)이 따르고 불선(不善)을 행하면 여
기에 백영(百殃)이 따른다』라는 말이 있으며 또한 맹자(孟子)는
『화복(禍福)은 자신(自身)으로 부터 이루어지는 법이다』라고 말
했으며 증자(曾子)는 『너의 몸에서 나간것이 너의 몸으로 다시
온다』라고 말씀한것을 보더라도 알수가 있읍니다. 더구나 불교
(佛敎)에서 설법(說法)하는 인과(因果)의 이치(理致)는 크게는
백천만세(百千萬世)에 걸쳐서 적게는 일념일순간(一念一瞬間)에
서도 이러한 의미(意味)가 포함(包含)되어 있읍니다. 자세(仔細)

하게 점검(點檢)하여보면 사사건건(事事件件) 모두가 인과(因果)의 이치(理致)가 되지 않은것은 하나도 없으며 십이인연(十二因緣)을 삼세(三世)로 배치(配置)한 것은 우선 초학자(初學者)의 이수(履修)를 편리(便利)하게 하기 위한 일념(一念)위에 일일(一日)의 행사(行事)에도 자연(自然)히 십이인연(十二因緣) 생멸(生滅)의 이(理)가 포함(包含)되어 있읍니다.

제 5 편 지옥과 극락이 과연 있을까?

86. 지옥의 명의와 그 종류
〔불전(佛典)에 의거(依據)함〕

대비파사론(大毘婆娑論) 권(卷) 172 에는 지옥(地獄)의 명칭(名稱)을 나락(奈落)이라 함은 사람을 지칭(指稱)하고 가(迦)라는 것은 악(惡)이란 의미입니다. 악인(惡人)이 거기서 탄생(誕生)하므로 나락가(奈落迦)로 명명(命名)한 것입니다. 또한 낙가(落迦)라 함은 「즐겁다」라는 의미이며 나(奈)라 함은 「부(不)」의 부정사(否定詞)이며 그기는 즐겁지 않은 곳이므로 나락가(奈落迦)라고 명명(命名)했다고 합니다. 또한 나락가(奈落迦)라 함은 괴희락(壞喜樂), 무귀취(無歸趣), 무구제(無救濟), 고기(苦器), 비하(卑下) 전락(巓落)등의 의미(意味)가 있다고 표시(標示)되어 있읍니다.

또한 현응음의 권 24 (玄應音義卷二四)의 나락가(奈落迦)에는 불가락(不可樂), 불가구제(不可救濟), 암명(闇冥), 지옥(地獄)등의 네가지 의미(意味)가 있다고 표시(標示)되어 있읍니다.

지옥(地獄)의 종류(種類)에 대하여 불전(佛典)에서는 아래와 같이 써있읍니다. 우선 구사론권 11(俱舍論卷十一), 유가사지론권 4(瑜伽師地論卷四)에는 팔열지옥(八熱地獄), 팔한지옥(八寒地獄) 고독지옥(孤獨地獄)등의 삼종(三種)이 들추어 있읍니다. 그것은 등활(等活), 흑승(黑繩), 중합(衆合), 규환(叫喚) 대규환(大叫喚) 초열(焦熱), 대초열(大焦熱), 무간지옥(無間地獄) 등 팔구(八區)로 나뉘어 있으며 모두가 고뇌양상(苦惱樣相)에 따라서 명명(命名)된 것입니다. 그리고서 이 권족(眷族)으로써 하나하나의 지옥마다 16까지의 별처(別處) 즉 소지옥(小地獄)이 있읍니다. 위의 팔대지옥(八大地獄)과 합쳐서 136지옥이 됩니다.

팔한지옥(八寒地獄)이라함은 제일(第一)에 안부타지옥(安部陀地獄)인데 여기는 한고격심(寒苦激甚)하여 피육(皮肉)에 상처(傷處)가 심(甚)합니다. 제2(第二)에는 니체부타지옥(尼剃部陀地獄)인데 여기에는 한기(寒氣)가 전자(前者)보다도 심(甚)하여 신체상해구열(身體傷害龜裂)이 매우 심(甚)합니다. 제3(第三)에는 안탁타지옥(安拆陀地獄)인데 여기서도 한기(寒氣)가 전자(前者)에 배가(倍加)되어서 입술과 혀가 얼어붙어 그냥 혀끝으로서 "탁타, 탁타(托陀托陀)"라고 떨리는 소리만 냅니다. 제4(第四)에는 아사파지옥(阿娑婆地獄)인데 여기도 한기(寒氣)가 전자(前者)의 배가(倍加)가 되고 혀가 붙어서 약간의 바람소리 처럼 입술로 내고 있읍니다. 제5(第五)에는 호호파지옥(虎虎婆地獄)이라고하여 여기도 그 고통(苦痛)이 전자(前者)의 배가(倍加)되고 혀와 입술이 얼어붙어서 겨우 목구멍속에서 약간소리가 날뿐입니다. 제6(第六)에는 온발라지옥(溫鉢羅地獄)이라고 하는곳으로서 얼음에 몸체가 얼어붙어서 청련화(靑蓮華) 모양으로 되어 보입니다. 제7(第七)에는 발지마지옥(鉢持摩地獄)인데 여기서는 피육(皮肉)이 크게 찢어지고 그 모양이 홍련화(紅蓮化)모양으로 보입니다. 제8(第八)에는 마사체특마지옥(摩詞體特摩地獄)으로서 여기서는 피육(皮肉)이 탈락(脫落)되어서 뼈만 남아서 백련화(白蓮化)같이 보입니다.

고독지옥(孤獨地獄)이라함은 독일지옥(獨一地獄) 또는 변지옥(邊地獄)이라고 합니다. 일정(一定)한 구획(區劃)이 없고 혹은 강(江) 또는 하천(河川) 가까히 그리고 산간(山間), 광야(曠野), 지하(地下), 공중(空中)등에 산재(散在)하고 있는것을 말합니다.

대비파사론(大毘婆娑論) 권(卷) 172, 순정이론(順正理論) 권(卷) 31, 현종론권(顯綜論卷), 16등에 쓰여있는 것도 대략(大略)위의 사실(事實)과 유사(類似)한 것이다. 입정아비담론(立正阿毘曇論) 권(卷) 8에서는 팔열지옥(八熱地獄)만이 게시(揭示)되어 있읍니다. 그러나 다른 경전(經典)에는 이상의 종류와는 다른 내용이 많읍니다.

장아함경(長阿含經) 권(卷) 19, 기세경(起世經) 권(卷) 3에는 팔열지옥(八熱地獄) 이외에 아부타니라(阿浮陀尼羅)의 두가 지 지옥(地獄)이 추가(追加)되어서 합계(合計) 십지옥(十地獄)이 있다고 하며, 팔열지옥(八熱地獄)의 권족(眷族)인 16 지옥(地獄)의 명칭(名稱)에도 장아함경(長阿含經)에서는 팔열지옥(八熱地獄)을 통하여 혹사(黑紗), 비뇨(沸尿), 오백정(五百釘), 기(飢), 갈(渴), 일동부(一銅釜), 다동부(多銅釜), 석마(石磨), 농혈(膿血), 양화(量化), 회하(灰河), 철환(鐵丸), 근부(釿釜), 표랑(豹狼), 검수(劍樹), 한빙(寒氷)등의 16지옥(地獄)이 있다고 합니다. 이일아함경(離一阿含經) 권(卷) 36 팔난품(八難品)에서는 우발(優鉢), 발두(鉢頭), 구우두(拘牟頭), 분타리(分陀利), 미증유(未曾有), 영무(永無), 우혹(愚惑), 숙취(縮聚), 도산(刀山), 탕회(湯灰), 화산(火山), 회하(灰河), 형자(荊刺), 비뇨(沸尿), 검수(劍樹), 열철환(熱鐵丸)등의 16지옥(地獄)으로 되어있읍니다. 대지도론(大智度論) 권(卷) 16에는 탄갱(炭抗)등의 팔염지옥(八炎地獄)과 안부타(安浮陀)의 팔방한지옥(八氷寒地獄)으로서 16 개의 권족소지옥(眷族

208

건달파(乾達婆)

제석(帝釋)의 악신(樂神)으로서 항상 향료(香料)만 먹고서 허공(虛空)을 날아다니는 천인(天人)

구반타(鳩槃陀)라는 귀신(鬼神)으로서 항상 사람의 정기(精氣)를 잡아먹는 고약한 버릇으로 바람같이 숲속에서 산다.

小地獄)으로 나뉘어 있읍니다.   정법념처경(正法念處經) 권(卷)
5이하의 지옥품(地獄品)에는 팔대지옥(八大地獄) 하나하나에다가
별종(別種)의 16지옥(地獄)을 부속(附屬)시키고 있읍니다.

관불삼미경(觀佛三昧經) 권(卷) 5에는 아비(阿鼻), 한(寒), 흑암
(黑闇), 소열(小熱), 도륜(刀輪), 검림(劍林), 화차(火車), 비뇨
(沸尿) 확탕(鑊湯), 회하(灰河), 철굴(鐵窟), 철기(鐵機), 철강(鐵
剛) 등 여러가지 지옥(地獄)이 있다고 합니다.

87. 노병사(老病死)의 삼천사(三天使)

장아함경(長阿含經)에 써있는것을 보면 각종(各種)의 지옥(地
獄)이외에 염마대왕궁전(閻魔大王窮殿)이 있읍니다. 그 궁전성
(窮殿城)은 칠중(七重)으로 둘러싸여있으며 칠중(七重)의 난순
(欄楯) 칠중(七重)의 행수(行樹)가 있읍니다. 많은 중조상화(衆
鳥相和)하여 명악(鳴樂) 비명(悲鳴)을 울리고 주간삼시(晝間三
時)와 야간삼시(夜間三時)에는 대동확(大銅鑊)이 나타나서 옥귀
졸(獄鬼卒)이 와 염마왕(閻魔王)을 포박(捕縛)해서 고통(苦痛)을
줍니다. 더구나 염마왕(閻魔王)은 그 죄책(罪責)을 받은 후에는
여러 대신(大臣)들과 같이 복락(福樂)을 받읍니다.

염마왕(閻魔王)은 항상(恒常) 노병사(老病死)의 삼천사(三天
使)를 인계(人界)로 유행(旅行)시킵니다. 중생중(衆生中)에 임종
(臨終)이 다된자(者)에게는 옥귀졸(獄鬼卒)을 보내서 그 망령(亡
靈)이 생전(生前)에 저지른 악업(惡業)으로서 이렇게 되는 것입
니다.

염마왕(閻魔王)은 망령(亡靈)에 대하여 엄숙(嚴肅)하게 꾸짖어 말하되『너희 스스로가 방탕(放蕩)해서 신구의(身口意)의 제업(諸業)을 수행(修行)하지 못한 죄과(罪果)는 모두가 너희 스스로가 만든 것이다. 부모과실(父母過失)도 아니고 형제과실(兄弟過失)도 아니며 또한 천제(天帝), 조상(祖上), 사문(沙門), 파라문(婆羅門)의 과실(過失)도 아니니라. 노병사(老病死)의 무상(無相)의 상(相)은 항상(恒常) 너희에게 가르쳐서 업보(業報) 받는 날도 가르쳐 주는 것인데 너희는 이때까지도 너희 스스로가 회개(悔改)하지 않고 그 죄책(罪責)의 고통(苦痛)을 받아야 하느냐』하시고 자세하게 힐문(詰問) 한뒤에 옥귀졸(獄鬼卒)에 명(命)하여 대지옥(大地獄)으로 송치(逐致)함이 장아함경(長阿含經)에 쓰여 있읍니다.

88. 지옥(地獄)의 위치(位置)

그런데 이 지옥(地獄)이 어디에 있느냐 라는 일에 대해서는 구사론(俱舍論)에서는 암부주(閻浮州) 아래 2만유순(二萬由旬)이 되고, 그 나머지 6만 9천유순(六萬九千由旬)중에 칠지옥(七地獄)이 있어서 둘러쌓여 있고 위로 올라갈 수록 좁고 아래로 갈 수록 넓게 되어있다고 합니다.

또한 염마왕청(閻魔王廳)은 아귀(餓鬼)의 본거지(本據地)로서 염부주(閻浮州)아래 오백유순 지점에 있읍니다. 팔한지옥(八寒地獄)은 팔열지옥(八熱地獄) 옆에 있다고 합니다. 유가사지론(瑜伽師地論)에서는 암부주(閻浮州)의 아래 삼만이천유순이 떨어지

는 곳에 등활지옥(等活地獄)이 있읍니다. 나머지 칠지옥(七地獄)
은 차례로 아래로 내려가면서 그 아래로 배치(配置)되어 있읍니
다. 깊이는 사천유순(四千由旬)이다. 또한 팔한지옥(八寒地獄)도
같이 염부주(閻浮州)의 아래 삼만유순(三萬由旬)이 되는 곳에
있으므로서 그 최초(最初)에는 한지옥(寒地獄)이고 나머지 칠지
옥(七地獄)은 각각 그 아래 있으며 모두가 깊이 이천유순(二阡
由旬)씩 된다고 합니다.

이것을 앞서 말한 구사론(俱舍論)의 설(說)과 비교(比較)할때
는 수량(數量)이 약간 차이(若干差異)가 있어도 그 방향위치(方
向位置)를 염부주(閻浮州) 아래에 두고 있다는 점(點)이 같이 되
어 있읍니다. 장아함경(長阿含經)에는 팔열지옥(八熱地獄)이나
십지옥(十地獄)이나 염마왕청(閻魔王廳)등등이 모두가 철위산
(鐵圍山)으로 이중(二重)으로 둘러싸여서 일광(日光) 월광(月光)
도 없는 어두운 곳이라고 합니다.

거기서는 항상독풍(恒常毒風)이 강하게 불고 있으므로 만약
철위산(鐵圍山)이 이것을 차단하지 않으면 그 독풍(毒風)이 산
하(山河), 그기서 초목(草木) 및 중생(衆生) 등 모두를 완전초고
화(完全焦拈化)해 버릴것이라고 합니다. 순정이론(順正理論)에서
는 팔열지옥(八熱地獄)의 방향(方向)에 대해서 구사론(俱舍論)
의 설(說)에 의하면 팔한지옥(八寒地獄)은 철위산(鐵圍山) 이외
의 극명암처(極冥闇處)가 있다고 합니다. 고지옥(孤地獄)은 암부
주(閻浮州)에 있어서 하천(河川), 산간(山間), 광야(曠野), 지하
(地下), 허공(虛空)등에 산재(散在)해 있고 그 이외(以外)는 동
서북(東西北)의 일주(壹州)에 있다고도 하며 또는 일설(一說)에

는 북주(北州)에는 대지옥(大地獄)이 전혀 없다고 설명(說明)되어 있읍니다.

89. 지옥의 형구(刑具)

팔열지옥(八熱地獄)중에서 등활지옥(等活地獄)에서는 망령(亡靈) 모두가 손가락 끝에 쇠손톱이 솟아나서 칼날과 같이 예리하여 그것으로 망령(亡靈) 상호간에 찢고 뜯고 하여 해(害)칩니다. 다음에 흑승지옥(黑繩地獄)에 있어서는 옥귀졸(獄鬼卒)이 열철승(熱鐵繩)을 가지고 망령(亡靈)의 몸체를 포박(捕縛)하고 도끼 또는 톱으로서 백천조(百千條)로 분쇄(紛碎)합니다. 다음의 중합지옥(衆合地獄)에 있어서는 석산(石山)과 석산 사이로 망령을 끌어넣고서 누르고 또는 몸체를 찢고 뜯고 하다가 쇠호박에 넣어서 부수기도 합니다. 다음으로 규환지옥(叫喚地獄), 대규환지옥(大叫喚地獄) 등에서는 동철열탕(銅鐵熱湯) 중에 망령(亡靈)을 끌어넣어서 삶는다든가 대화염(大火焰) 위에서 굽기도 하기를 반복(反復) 합니다. 그 다음으로 초열지옥(焦熱地獄), 대초열지옥(大焦熱地獄)에서는 철성(鐵城)과 철루(鐵樓)가 변하여 대화갱(大火坑)이 되어서 망령을 지지고 굽고 하기를 반복합니다. 마지막으로 무간지옥(無間地獄)에서는 망령의 몸체의 뼈마디에서 모두 화염(火焰)이 튕겨나와 그 고통(苦痛)이 끊이지를 않읍니다. 이상(以上) 여러가지 고뇌(苦惱) 뒤로 차례 차례로 십배(十倍)가 넘도록 고통(苦痛)이 한정(限定)없읍니다. 또한 모든 지옥의 사방문(四方門)에는 모든 악마(惡魔)가 충만(充滿)해 있읍니다.

우선 시초(始初)에 화염증(火焰增)이라는 곳은 충만(充滿)된 화염(火焰)이 망령을 태우고 삼키고 하여 피육(皮肉)이 검게 타 버린다. 다음의 사분증(屍糞增)이라는 곳은 사체(死體)와 분뇨(糞尿)의 니수(泥水)가 충만(充滿)하여 그 속에는 독충(毒虫)도 있어서 망령의 뼈를 뚫고 골수(骨髓)를 먹읍니다.

다음의 봉도증(鋒刀增)이라는 곳은 노상(路上)에 칼날이 거꾸로 꽂혀 있어서 칼숲을 이루고 나무잎은 모두가 칼날이며 삼림(森林)의 나무가지는 모두가 쇠가시가 난립(亂立)하여 있어서 망령의 뼈마디마다 끊어 버립니다. 그기서 기다리던 조수(鳥獸)들이 와르르 덤벼들어서 망령의 피육(皮肉), 눈, 간장 등을 뜯어 먹읍니다.

다음의 열하증(烈河增)에서는 뜨거운 물이 끓어져서 망령들이 거기에 빠져서 허우적거리다가 골육(骨肉)이 모두 삶겨져서 백골화(白骨化)되어 버립니다. 기타(其他) 16지옥의 형구(刑具)에 관해서는 이설(異說)이 많고 따라서 그 형구(刑具)도 다종다양(多種多樣)하여 철구(鐵狗), 철충(鐵虫), 맹조(猛鳥), 악사(惡蛇) 등이 섞여있읍니다. 팔한지옥(八寒地獄)에 대하여서는 한빙(寒氷) 또는 한풍(寒風)에 대한 일만 설명(說明)되었을 뿐 다른 형구(刑具)나 옥귀졸(獄鬼卒)에 관(關)한 설(說)이 없읍니다. 고지옥(孤地獄)에 있어서의 형구(刑具)에 대해서도 별로 쓰여진 것이 없읍니다. 팔열지옥(八熱地獄)에 의하여 대체로는 알아볼 수는 있읍니다. 관불삼미경(觀佛三昧經)에서 말하는 지옥(地獄)은 그 명칭(名稱)에서 말하듯이 형구종류(刑具種類)도 매우 다양(多樣)합니다.

90. 옥귀졸(獄鬼卒)은 유정(有情)한가

대비파사론(大毘婆娑論) 권(卷) 172에는 지옥귀(地獄鬼) — 옥 귀졸(獄鬼卒)은 유정(有情)한가 아닌가 라고하는 논설(論說)이 있읍니다. 옥귀(獄鬼)가 만약 유정(有情)하다면 그들이 많은 악 행(惡行)을 저지른 후(後)에 어디서 그 업보(業報)를 받겠는지, 만약 유정(有情)하지 않는다면 대덕법선현(大德法善現)의 송(頌) 에서는 마음에 항상(恒常) 분독(忿毒)을 가지고 솔선(率先)해서 모든 악업(惡業)을 집결(集結)시킵니다. 다른자(者)의 고통(苦痛) 을 보면 항상(恒常) 희열감(喜悅感)을 가집니다. 그래서 죽은 뒤 에는 염마왕청(閻魔王廳)의 옥귀졸(獄鬼卒)이 됩니다. 라고 쓰여 있는 제목(題目)을 어떻게 해석(解釋)할 것이냐 하는것이 문제 가 되어 있읍니다.

이에 대하여 옥귀졸(獄鬼卒)이 유정(有情)이라는 설(說)로서 는 악(惡)을 저지른 업보(業報)는 또다시 지옥(地獄)에서 받읍니 다.

무간지옥(無間地獄)과 같은 극중(極重)의 죄수(罪囚)도 수용 (收容)하는곳이 있으므로 옥귀졸(獄鬼卒)이 저지른 업보(業報) 도 또한 이것을 받아야 한다는 것입니다.

그기에 대하여 옥귀졸(獄鬼卒)이 무정(無情)하다는 설(說)은 어떠한가하면 옥귀졸(獄鬼卒)의 가책(苛責)을 받는 여러 망령은 그 조악(造惡)의 업(業) 그 자체(自體)가 커지는 힘에 의하여 일 부로 옥귀졸(獄鬼卒)이 유정(有情)하듯이 나타나서 사실은 모든 형구(刑具)를 가지고 망령 몸체에 참해(慘害)를 줍니다.

구사론유부(俱舍論有部)에 있어서는 옥귀졸(獄鬼卒)의 모습은 성겁(成劫)의 바람 같은것으로서 무정(無情)하다는 설(說)이 옳다고 하며 더욱이 법선규(法善規)의 송(頌)에서는 염마졸(閻魔卒)은 염마대왕(閻魔大王)에게 구사(驅使) 당하고 여러 유정(有情)을 지옥(地獄)속에 넣어 버리는 일을 담당 하므로 사실상(事實上) 유정(有情)이 틀림없읍니다.

그러나 지옥속에는 유정(有情)을 해(害)치는 조류(鳥類) 구(狗) 옥졸(獄卒)은 이것이 무정(無情)하다고 하여 염마대왕(閻魔大王)에게 구사(驅使) 당하는 염마졸(閻魔卒)과 지옥(地獄)의 형구(刑具) 그 자체(自體)가 또한 무정(無情)한 것이라하여 옥귀졸(獄鬼卒)과도 구별(區別)하고 있읍니다.

다음의 일설(一說)로서는 옥귀졸(獄鬼卒)이 유정(有情)하다는 설(說)이 게시(揭示) 되어 있읍니다. 그리고 어찌하여 옥화(獄火)가 옥귀졸(獄鬼卒)을 태워버리지 않느냐 라는 질문(質問)에 대하여서는 그것은 업력(業力)으로서 차단(遮斷)된 까닭이라고 합니다. 혹은 별도(別途)로 그만치 인연(因緣)을 느끼므로서 타지 않는다고 합니다. 대중부(大衆部)와 정량부(正量部)에서는 다같이 옥귀졸(獄鬼卒)을 사실상(事實上) 유정(有情)하다고 합니다.

91. 타옥(墮獄)의 업인(業因)

지옥(地獄)에 떨어져야할 원인(原因)이 되는 불선업(不善業)에 대하여서는 여러가지 종류(種類)가 있으니 이것을 알아보는데는 십악(十惡) 오역(五逆) 방법업(謗法業)을 가지고 그 주요

(主要)한 것으로 봅니다.

정법념처경(正法念處經)의 등활지옥(等活地獄)에는 살생계(殺生戒)를 범(犯)한 자가 가는 곳이며 흑승지옥(黑繩地獄)에는 살생계(殺生戒)와 강도(強盜)를 범(犯)한자가 가는곳이며 이하 대초열지옥(大焦熱地獄)까지에는 차례차례로 사음(邪淫), 음주(飮酒), 망어(妄語), 사견(邪見), 비범행(非凡行) …… 淫亂行動 …… 등을 범(犯)한자가 그 죄과(罪果)가 누가(累加)되어 가면서 가는곳이라고 하며 최후의 무간지옥(無間地獄)은 오무간업(五無間業) …… 부모살해등의 오역해(五逆害) …… 를 범(犯)한자가 떨어지는 것이라고 쓰여 있읍니다.

증일아함경권전(增一阿含經卷典) 36에는 팔열지옥(八熱地獄)에 떨어지는 업인(業因)을 다음과 같이 순차(順次)로 쓰여 있다.

1. 정견(正見)을 파괴(破壞)하고 정법(正法)을 비방(誹謗)한 자

2. 즐겨서 살생(殺生)을 일삼는자

3. 소, 양, 등 축생(畜生)을 도살(屠殺)한 자

4. 타인물건(他人物件)을 도적질 하는 자

5. 항상 음난(淫亂)하고 망언(妄言)이 심(甚)한 자

6. 이쪽에서 들은 욕설(辱說)을 저쪽으로 전하고 그 쪽에서 들은 욕설(辱說)을 이쪽으로 전해서 사람들의 융화(融和)를 방해이간(妨害離間)시킨 자

7. 이간모략(離間謀略)을 일삼고 탐욕횡령(貪慾橫領)을 하는 자

8. 부모살해(父母殺害), 사찰파괴(寺刹破壞), 성중모욕(聖衆侮辱) 사욕사견(邪欲邪見)등인 자

위와 같은 죄(罪)를 범(犯)한 자가 각각 팔열지옥(八熱地獄)으

로 떨어진다고 합니다.

그리고 죄업(罪業)에는 삼종류(三種類)가 있읍니다. 상품죄(賞品罪)는 대지옥(大地獄)에 떨어지고 중하이품죄(中下二品罪)는 권족지옥(眷族地獄)에 떨어지는 것으로 되어있으며, 대지옥(大地獄)에서의 고업보고(苦業報告)가 끝나지 않았을때는 또다시 권족지옥(眷族地獄)에 끌려가서 나머지 업보(業報)를 치룹니다. 권족지옥(眷族地獄)은 이와같이 나머지의 고업(苦業)을 치루게 되므로서 16의 권족지옥(眷族地獄)을 16증(增)이라고도 합니다.

구사론(俱舍論) 권(卷) 18에는 다만 오무간업(五無間業)의 죄업(罪業)이 아비지옥(阿鼻地獄)으로 떨어질뿐 아니라 그와 비등(比等)한 악업(惡業) 즉 어머니신 아라한니(阿羅漢尼)를 괴롭히고 보살유학지자(菩薩有學之者)를 죽이고 승려의 화합연(和合緣)을 파괴(破壞)하며 불탑(佛塔)을 파괴(破壞)하는 죄(罪)를 범(犯)한 자는 역시 아비지옥(阿鼻地獄)으로 떨어진다고 쓰여 있읍니다.

팔한지옥(八寒地獄)에 떨어지는 자의 업인(業因)은 현자(賢者)성인(聖人)을 비방(誹謗)했던 까닭입니다. 고지옥(孤地獄)에 관한 업인(業因)도 팔한지옥(八寒地獄)에 준(準)합니다.

기타(基他) 업보차별경(業報差別經) 전륜오도죄복보응경(轉輪五道罪福報應經) 등에도 지옥행(地獄行)의 업인(業因)에 대하여 쓰여 있읍니다.

92. 파지옥(破地獄)의 경문(經文)

이렇게하여 지옥(地獄)의 고보(苦報)는 각자(各自)가 범(犯)한 업인(業因)에 의함 이므로 그 업인(業因)을 격파(擊破)시킬 방법 (方法)을 수양시행(修養施行)함으로서 스스로가 타옥(墮獄)의 고보(苦報)를 피(避)할수 있는 도리(道理)가 됩니다.

그러므로 경문(經文)의 일절(一節) 또는 게송(偈誦) 암송(暗誦) 만으로서의 인연(因緣)을 가지고 지옥(地獄)의 고보(苦報)를 피 (避)하고저 하는 사적(事跡)입니다.

옛날부터 이러한 재경문(諸經文)을 파지옥문(破地獄文)이라고 합니다.

파지옥문(破地獄文)으로서 널리 알려져 있는 것은 화엄경(華 嚴經)의 『약인욕료지(若人欲了知)』등의 사구(四句), 법화경(法華 經)의 십여시(十如是)의 문장(文章), 무량수경(無量壽經)의 『기 불본원력(其佛本願力)』등의 사구(四句) 존승타라니(尊勝陀羅尼) 광명진언(光明眞言)등 입니다. 이들 문장(文章)에는 모두가 파지 옥(破地獄)의 덕(德)이 있다는 것은 옛날부터의 감응전(感應傳) 등에서 설명(說明)된 것입니다. 다만 이것이 있음으로써 다른 경 문(經文)이 반드시 파지옥(破地獄)의 신통력(神通力)이 없다는 의미(意味)가 아닙니다.

93. 지옥(地獄)의 수량(壽量)

지옥(地獄)에 떨어진 망령의 지옥체류(地獄滯留)의 수량(壽量)

은 얼마나 시일(時日)이 걸리느냐하면 등활지옥(等活地獄)에서
초열지옥(焦熱地獄)에 가는 유정(有情)은 대욕천(大欲天)……욕
계(欲界)에 있는 육중(六重)의 천(天)으로서 사천왕(四天王) 도
리천(忉利天) 내지(乃至) 타화자재천(他化自在天)의 수량(壽量)
을 가지고 일주야(一晝夜)로 하고 세월(歲月)의 수량(數量) 또한
이들 제천(諸天)과 같읍니다. 그래서 대초열지옥(大焦熱地獄)은
반중겁(半中劫), 무간지옥(無間地獄)은 일중겁(一中劫)입니다.
즉 등활지옥(等活地獄)의 유정(有情)은 수 오백세(壽五百歲)이
며, 그 일주야(壹晝夜)는 인간계(人間界)의 오십년(五十年)에 해
당(該當)합니다. 초열지옥(焦熱地獄)의 유정(有情)은 수 일만육
천세(壹萬六阡歲)이며 그 일주야(壹晝夜)는 타화자재천(他化自
在天)의 수 일만육천세에 해당(該當) 타화자재천(他化自在天)의
일주야(壹晝夜)는 인간계(人間界)의 일천육백년에 해당(該當)합
니다. 정법념처경(正法念處經) 구사론(俱舍論)등에는 모두가 이
와같은 설(說)을 인용(引用)하고 있읍니다.

우파색계경(優婆塞戒經) 권(卷) 7에서 설교(設敎)하기를 다같
이 육욕천(六欲天)의 수(壽)에 준(準)하고 있으나 그 계수방법
(計數方法)이 달라서 초열지옥까지의 육은 수량부정이고 나머지
이지옥(貳地獄)은 수량(壽量)이 결정(決定)된 것으로 되어 있읍
니다. 구사론(俱舍論)권 11, 대지도론(大智度論)권13에 의하면 팔
한지옥(八寒地獄)은 마립(麻粒)의 숫자(數字)를 가지고 계산되
어 있읍니다.

유가사지론(瑜伽師地論) 권 4 의 설(說)은 약간 다르며 팔한지
옥(八寒地獄)의 수(壽)는 팔열지옥(八熱地獄)의 반정도(半程度)

이라고 합니다.

94. 지옥여담(地獄餘談)

장아함경(長阿含經)은 팔지옥(八地獄) 또는 십지옥(十地獄)으로서 지옥(地獄) 수량(數量)이 결정(決定)되어 있습니다. 관불삼미경(觀佛三昧經)에서도 별도(別途)로 그 수량(數量)이 정(定)해지지는 않습니다. 다만 그 관법(觀法)에는 두가지가 있으나 대부분이 염열(炎熱)을 가지고 그 형구(刑具)로 하고 있다는 근본소설(根本所說)은 일치(一致)합니다. 팔한지옥(八寒地獄)은 증일아함경(增一阿含經) 권39의 십지옥(十地獄) 잡 아함경(雜 阿含經) 권48의 팔지옥(八地獄)에 근간을 두고서 이것을 건립(建立)했다는 것은 그 명목(名目)으로 수량(壽量)과 업인(業因)이 일치(一致)되므로서 알아 볼수가 있읍니다.

근세(近世)의 일설(一說)에는 팔한지옥(八寒地獄)은 불교(佛教)가 점차북진(漸次北進)하여 한냉(寒冷)지방에서 포교(布教)되기 시작하였으므로 한냉지옥(寒冷地獄)의 명칭(名稱)이 있었다는 것을보면 그 유래(由來)는 옛날부터 오랜시일(時日) 이전에 있었다고 생각됩니다.

지장보살본원경(地藏菩薩本願經) 권상(卷上)의 지옥명호품(地獄名號品)에는 지옥명칭(地獄名稱)이 수십(數十)가지가 들추어 있읍니다. 그리고 그 많은 형구(刑具), 고상(苦相)에 따라서 명명(命名)된 것이 관불삼미경(觀佛三昧經) 권5에 쓰여있는 내용(內容)과 유사(類似)합니다.

법원주림(法苑珠林) 권7에는 지옥사정(地獄事情)이 상기(詳記)
되어있고 감응(感應)의 사적(事跡)도 기재(記載)되어 있읍니다.
후세(後世) 시행(施行)되는 지옥설(地獄說)에는『십왕경(十王經)』
의 소설(所說)이 많이 혼입(混入)되어 있읍니다. 파라문경(婆羅
門經)에도 지옥설(地獄說)이 있어서 불교지옥(佛敎地獄)과 명목
이 같은것이 많읍니다.

95. 극락(極樂)의 양상(樣相)

극락(極樂)의 양상(樣相)은 이미 여러경론(經論)에 상세(詳細)
하게 설명(說明)되어 왔으나 특히 대무량수경(大無量壽經), 아미
타경(阿彌陀經)에 상설(詳說)되어 있읍니다.

관무량수경(觀無量壽經)에도 또한 그 환경(環境)이 널리 설명
되어 있읍니다. 천친보살(天親菩薩)의 정토론(淨土論)에는 국토
(國土), 불타(佛陀), 성중(聖衆)의 삼엄(三嚴)으로서 29종으로 나
뉘어 기재(記載)되어 있읍니다. 이러한 기재(記載)에 의하여 생
각하면 아미타불(阿彌陀佛)은 성도시(成道時)에 여기서부터 서
방십만억토(西方十萬億土)가 지나는 곳에 불토(佛土)를 구축(構
築)하였읍니다. 그 토지(土地)는 광대(廣大)하여 변두리가 보이
지 않고 지하(地下) 지상(地上) 허공(虛空)을 장엄수려(藏嚴秀麗)
하게 화지(華地), 보각(寶閣), 보수(寶樹), 보망(寶網)등이 금은
주옥(金銀珠玉) 칠보(七寶) 및 백천만보(白千萬寶)를 가지고 장
식(裝飾)되어 있읍니다.

그 양상(樣相)은 청정(淸淨)하고 광명(光明)이 눈부시고 의복

후(氣候)는 춥지도 덥지도 않고 사시절조회(四時節調和)되고 불타(佛陀)는 항상(恒常) 거주설법(居住說法)하여 주십니다. 조류(鳥類)나 수목(樹木)위에 바람의 향동(響動)은 모두가 법음선율(法音旋律)로 들려옵니다.

이 극락(極樂)에 있는 불타(佛陀)와 성중(聖衆)은 광명(光明)과 수명(壽命)이 다같이 무량(無量)하며 들어가서는 불도번성(佛道繁盛)시키는 법악(法樂)을 얻고, 나와서는 제불(諸佛)을 공양(供養)하고 고뇌(苦惱)에 시달리는 중생(衆生)을 화도(化度)합니다. 그 극락(極樂)의 몸체란것은 법성이치(法性理致)에 따른 무위열반(無爲涅槃)의 경계(境界)입니다. 그 토지(土地)는 모름지기 중생(衆生)을 구제(救濟)하고 인수(引受)하기 위하여 구축(構築)된 것이라고 합니다.

극락(極樂)이라 함은 대개 위와같은 모양이므로 대승불교(大乘佛敎)의 흥륭(興隆)함과 동시에 불법(佛法)을 신봉(信俸)하는 사람들은 거의 모두가 미래 전생처(未來轉生處)로서 소망(所望)의 촛점(焦點)으로 하여 왔읍니다.

96. 극락(極樂)의 본질(本質)

극락(極樂)이라는 이름이 나오는 것은 아미타경(阿彌陀經)에는 『중고(衆苦)가 있지않고 다만 모든 즐거움 만이 있는 것이다. 그러므로 극락(極樂)이라고 명칭(名稱)한다』라고 쓰여있읍니다. 칭찬정토경(稱讚淨土經)에는 『일체(一切)의 몸체와 마음과 근심이 고생(苦生)되는 일이 없고 다만 한정(限定)없는 청정(淸淨)한 기쁨과 즐거움이 있을 따름입니다. 그러므로서 극락세계(極樂世界)라고 쓰여있읍니다.

친난상인(親鸞上人)의 유신문의(唯信文意)에 말하시기를 『극락(極樂)이라 하는곳은 곧 안양정토(安養淨土)인 것이며 모든 즐거움이 항상(恒常) 계속(繼續)되고 고생(苦生)이 없는 것이며 그래서 그 나라를 안양(安養)이라 한다』라고 쓰여있읍니다.

과연(果然) 극락(極樂)이라 함은 사고팔고(四苦八苦)에 대한 즐거움을 말하는 것인데 바꾸어 말하자면 불고불락열반(不苦不樂涅槃)의 대락(大樂)을 극락(極樂)이라고 합니다.

97. 보토(報土)와 화토(化土)

제종(諸宗)을 통하여 극락(極樂)을 보토(報土)로 하느냐(보토라 함은 미타불(彌陀佛) 스스로가 도통(道通)하신 묘경계(妙境界)이며, 진실의 행신(行信)을 획득(獲得)한 중생(衆生)이 왕생(往生)하는 진보토(眞報土)라는 것) …… 또는 화토(化土)로 해야 하나(화토라 함은 중생(衆生)의 기감(機感)에 응하여 변화되는 정토(淨土)를 말함) ……라는 설(說)에 대하여서는 옛날부터 이설(異說)이 많읍니다. 과연 극락(極樂)을 보토(報土)라고 말하는 것은 극락(極樂)을 높이 평가(評價)하는 것이고 응묘토(應妙土)라고 말하는 것은 극락(極樂)을 낮게 평가(評價)한 것입니다. 그러나 개론(槪論)한다면 정토문(淨土門)에서는 이것을 보토(報土)로 말하여 범부(凡夫)의 왕생(往生)을 허용(許容)하여 성도문(聖

道門)에서는 이와는 반대(反對)하여 높게 보토(報土)를 평가(評價)할 때는 범부왕생(凡夫往生)을 허용(許容)치 않읍니다. 범부왕생(凡夫往生)을 허용(許容)할때는 낮게 응화토(應化土)라고 정(定)해 왔읍니다.

관무량수경의소(觀無量壽經義疏)의 의미는 본적이문(本迹二門)으로 나누어서 이것을 설교(設敎)하고 본문(本門)에서 나타난 화현(化現)의 토지(土地)로서 즉 극락(極樂)은 응신토(應身土)라고 말합니다. 화엄공목초(華嚴孔目鈔) 권4에 아미타불국(阿彌陀佛國)은 일승(壹乘)에 따라서 같지 않읍니다. 만약 일승(一乘)에 의하면 진실(眞實)한 불국토(佛國土)이고 원융불가설(円融不可說)입니다. 만약 삼승(三乘)에 의하면 서방정토(西方淨土)는 곧 실보처(實報處)라고 쓰여있읍니다.

원효(元曉)의 아미타경소(阿彌陀經疏)에 의하면 극락세계(極樂世界)에는 사문(四門)이 있읍니다. 一번문은 석가부처님 만이 다니시는 원만문(円滿門), 二번문은 팔지이상(八地以上)의 보살(菩薩)이 다니시는 일향문(一向門)이고, 三번째문은 제삼환희지이상(第三歡喜地以上)의 보살(菩薩)이 출입하는 순정문(純淨門)이고, 四번째문은 다만 무퇴자(無退者)······ 신앙을 버리지 않은자······가 출입하는 정정취문(正定聚門)이 있다고 설명(說明)되어 있읍니다. 이상(以上)은 성도문(聖道門)에서 설명한 것이며 정토문(淨土門)에 있어서는 극락(極樂)은 화토(化土)가 아니라고 단정(斷定)하고 있읍니다. 도탁(道綽)의 안양집(安養集)에서는 동서권초(同書卷初)의 신토장(身土章)에 현재의 미타(彌陀)는 보불(報佛)이라하고 극락(極樂)은 보토(報土)라고 쓰여있읍니다. 그

것은 대승동성경(大乘同性經)의 『정토중(淨土中)에 성불(成佛)함은 모두가 보신(報身)』이라는 문장(文章)을 근거(根據)로 한 것입니다.

선도(善導)의 관경소(觀經疏)에는 범부(凡夫) 왕생(往生)의 취지(趣旨)를 말하고 실로 불원(佛願)에 의탁(依託)함으로서 그것이 강연(强緣)이 되고 오승(五乘)이 다같이 왕생(往生)된다고 합니다.

98. 유심(喩心)의 정토(淨土)

극락(極樂)이 서방십만억토(西方十萬億土)를 지난곳에 있다는 것은 여러 경문(經文)의 정설(定說)이기는 하나 이것을 교리상(敎理上)으로 봐서 극락(極樂)이라함은 다만 중생(衆生)의 심중(心中)에 있는 것이라는 견해를 「유심(唯心)의 정토(淨土)」라고 합니다. 그래서 정토(淨土)가 심중(心中)에 있으면서 미타불도 또한 심중(心中)에 있다고 합니다. 이것을 『기신(己身)의 미타(彌陀)』라고 말했읍니다.

이 기심(己心)의 미타(彌陀), 유심(唯心)의 정토(淨土)라는 설(說)은 화엄(華嚴), 천태(天台), 선종(禪宗)등의 성도문(聖道門)에 있어서 말해온 바입니다. 이렇게하여 그 심경(心鏡)을 연마(硏磨)코저 미타(彌陀)를 만나고 정토(淨土)를 구하고 있읍니다.

정토문(淨土門)에 있어서는 그와 달리하여 오직 마음으로서의 정토(淨土)를 세워서 서방(西方)을 바라보며 왕생(往生)하고저 소원(訴願)하는것입니다. 기심(己心)의 미타유심(彌陀唯心)의 정토(淨土)를 주장(主張)하는 교리상(敎理上)의 근거(根據)로서는 화엄경(華嚴經)에 『심불급중생시삼무차별(心佛及衆生是三無差別)』이라고 설교(設敎)하여 마음과 불타(佛陀)는 본래(本來)가 차별(差別)이 없다는 것이라고 합니다.

또한 유마경(維摩經)에는 『그 마음이 청정(淸淨)하면 즉 불토(佛土)도 청결(淸潔)함에 따른다』고 합니다.

99. 극락(極樂)의 소재(所在)

법보단경(法寶檀經)에서 말하기를 육조대사(六祖大師)와 위자사(韋刺使)와의 문답(問答)이 기재(記載)되어 있읍니다. 자사(刺使)가 육조(六祖)에게 『승려(僧呂)가 모두들 서방(西方)으로 전생(轉生)을 소망(所望)하고 있읍니다. 과연(果然) 극락전생(極樂轉生)이 되겠읍니까』라고 질문(質問)하니 육조대사(六祖大師)는 다음과 같이 대답했읍니다.

『경문(經文)에는 명백(明白)하게 극락(極樂)은 여기서 멀지 않다고 했다. 그것을 십만억토서방(十萬億土西方)에 있다고 하는것은 십악팔사(十惡八邪)가 심중(心中)에 있다면 정토(淨土)가 멀다는 의미(意味)이고 그것은 하지자(下知者)를 위한 설(說)이며, 가깝다고 하는것은 상지자(上智者)를 위한 설(說)이다. 사람은 두가지로 있으나 법(法)은 한가지 뿐이다. 사람에게는 미오(迷悟)가 있으며 지속(遲速)이 있다. 혼미(混迷)한 자(者)는 염불(念佛)해서 거기에 전생(轉生)되기를 소망(所望)한다. 회개(悔改)한 자(者)는 마음만 청정(淸淨)하게 하면 된다. 그러므로 불타(佛陀)

도 그 마음의 청정(淸淨)함에 따라서 불토(佛土)가 청정(淸淨)하
다고 했다.

마음이 청정(淸淨)하면 죄(罪)도 없어진다. 설혹 서방(西方)으
로 간다 하더라도 마음이 부정(不淨)하면 가지못할 것이다. 죄
(罪)를 저지르면서 염불(念佛)한다고 어느나라에 전생(轉生)되
겠는가, 범부(凡夫)는 자성(自性)이 불투명(不透明)하므로 마음
속의 정토(淨土)를 그리고 동(東)으로 소망(所望)하기도 하고 서
(西)로 소망(所望)하기도 한다. 회개(悔改)한 자(者)는 그 거주
(居住)함에 따라서 항상(恒常) 안락(安樂)한 것이다. 마음이 청
정(淸淨)하면 서방(西方)이 가깝다고 느낄것이다』

다음으로 천태종(天台宗)의 소설(所說)은 마음과 중생(衆生)
과 불타(佛陀)의 삼자(三者)가 똑같이 원융(円融) 된다면 기심
(己心)과 불심(佛心)은 일심동체(一心同體)가 됩니다. 그러므로
기심(己心)의 일념(一念)에는 십계(十界)를 원구(円具)하고 삼천
제법(三千諸法)을 망라(網羅)합니다. 기심(己心)을 떠나서 별도
(別途)로 불타(佛陀)를 구하여 정토(淨土)를 찾을수가 없다고 설
명(說明)하고 있읍니다.

100. 기심(己心)의 정토(淨土)

정토교관요문(淨土敎觀要門)에는 『마음은 태허(太虛)를 포용
(包容)하고 양(量)은 사계(沙界)로 퍼져 있읍니다. 그러므로 극
락국토(極樂國土)의 보수보지(寶樹寶地) 32 상(相)등은 모두가
우리마음의 본신(本身)이며 모두가 우리들 마음의 근원(根源)입

니다. 구할수도 없으며 다른사람에게 줄수도 없으므로 이것을 삼지(三知)한다면 즉 마음으로 불타(佛陀)를 볼 수 있을 것입니다.

원신화상(源信和常)의 발기숙선초(發起宿善鈔)에는 다음과 같은 의의(意義)가 표시(表示)되어 있읍니다. 말씀하시기를 『불타(佛陀)도 중생(衆生)도 대지(大地)도 나무도 풀도 모두가 공가중(空假中)의 삼제(三諦)를 구비(具備)하였읍니다. (삼제(三諦)라 함은 공(空) 가(假) 중(中)을 말함) 그러므로 모두가 우리마음에 들어있는 것입니다. 세상사람들이 만약 불타(佛陀)란 것이 키가 12자(尺)높이나 되고 온몸이 금색(金色)이며 그 음성(音聲)은 가능빈(伽陵頻)과 같고 그 얼굴은 둥근달 모양 같다고 생각하면 그것은 참된 불타(佛陀)가 아닙니다. 참된불타(佛陀)라 함은 모든 법(法)으로서도 말할 수가 없읍니다. 만약 모체 색조(色調)를 보고 음성(音聲)을 듣고져 한다면 아마도 사도(邪道)에 떨어지고 여래(如來)를 우러러 보지못할 것입니다. 그 여래(如來)의 몸체는 즉 법신(法身)입니다. 우리들 일념(一念)의 마음은 즉 삼제불가사의(三諦不可思議)한 성(性)을 가지고 있읍니다. 그러므로 우리마음을 가지고 불타(佛陀)로 정(定)해야 합니다. 창(窓)앞의 매화(梅花)의 색(色)에는 삼제불가사의(三諦不可思議)한 성(性)을 가지고 있읍니다. 그러므로 매화색(梅花色)을 불타(佛陀)로 보는것도 좋읍니다. 불타(佛陀)는 법계(法界)를 돌아다닙니다. 법계(法界)는 모두가 삼제(三諦)이므로 불타(佛陀)가 보입니다』라고 쓰여있읍니다. 관심왕생론(觀心往生論)에는 우리가 지금 소망(所望)하는 것은 사토불이(四土不二)의 극락(極樂)입니다. 이 경계(境界)가 즉 정찰(淨刹)입니다. 염두(念頭)에 두어야 할것은

삼신즉일(三身卽一)의 미타(彌陀)입니다. (삼신(三身)은 법(法)
보(報), 응(應) 三身이란 뜻)이 마음이 즉 여래(如來)입니다. 그
신량(身量)은 부증불멸(不曾不滅)입니다.

팔만사천(八萬四千)의 상(相)은 우리 일신(一身)에도 구비(具
備)되어 있읍니다. 즉(卽) 공(空), 즉(卽), 가(假), 즉(卽) 중(中)
입니다. 장엄수려(莊嚴秀麗)한 묘토(妙土)는 이 이외로 구할수가
없으며 이 사바(娑婆)를 떠나서 별도(別途)의 극락이 없읍니다.
어찌하여 자신(自身)을 버리고서 별도(別途)로 미타(彌陀)를 생
각하여야 합니까 라고 합니다.

101. 극락(極樂)은 과연있을까

정토문(淨土門)에 있어서는 이상의 성도문(聖道門)의 관점(觀
點)과는 약간 그 취지(趣旨)가 다릅니다. 즉 정토문(淨土門)의
여러 대사(大師)의 지도는 바깥세계의 사상(事相)이 정토(淨土)
건립됨을 중시(重視)하고 함부로 심외무불(心外無佛)이라는 설
(說)을 경계(警戒)합니다. 다만 그 사상(事相)위의 정토(淨土)가
무상법성(無相法性)의 이치(理致)와 같다는 점을 부정(否定)하
지 않읍니다. 다만 무상(無相)의 상(相)으로 하여서 무상즉상(無
相卽相)의 정토(淨土)를 하는 것입니다. 도탁(道綽)의 안락집권
(安樂集卷)상에는 『제 1 에 함부로 대승무상(大乘無相)의 편집(偏
執)함을 타파(打破)한다. 제 3 에 심외법(心外法)이 없다고 묶은
것을 타파(打破)한다』라고 주장(主張)하여 상세(詳細)하게 바깥
세계에서 왕생(往生)하는 취지(趣旨)를 명백(明白)하게 해두었

읍니다. 혜운(慧雲)은 이러한 의의(意義)를 계승하여 안락집대의 (安樂集大意)에 저술하기를 『법성문(法性門)……法界를 말함…… 에 따르면 왕생(往生)을 말할 필요가 없다. 그러나 이미 진속이 제(眞俗二諦)로 나누어지는 이상에는 왕생(往生)을 말해야 한다. 이 진속이제(眞俗二諦)에 대하여 인연(因緣)을 맺어서 전생(轉 生)을 소망(所望) 하는자(者)를 상배지생(上輩之生)이라고 하나 중하지배(中, 下之輩)에 이르러서는 스스로가 상(相)을 받아서 미타(彌陀)의 서원(誓願)에 따라서 왕생(往生)하기로 귀착(歸着) 한다』라고 쓰여있읍니다. 주홍(袾宏)의 아미타경소초(阿彌陀經 疏鈔)에 있어서는 육조법보단경(六祖法寶壇經)의 설(說)에 대하 여 상세(詳細)하게 설명(說明)하여 서방(西方)에 사상(事相)의 정토(淨土)가 있음을 주장하고 있읍니다. 각산(覺山)의 계몽잡기 (啓蒙雜記)에 말하기를 다음과 같은 문답이 있읍니다.

문. 어떤사람이 말하기를 『극락세계(極樂世界)가 서방(西方)에 있다고 하는것은 방향(方向)을 말하는 것이 아니고 자성(自性) 의 묘체(妙體)가 견고(堅固)하고 청정(清淨)함을 서토정토(西土 淨土)라고 말한 것이며 서방(西方)에 과연(果然) 실제(實際)로 극락(極樂)이 없다』라고 말했는데 이 의미가 어떠한 말입니까 서방(西方)에는 과연(果然) 극락이 있읍니까? 혹은 없읍니까?

답. 극락이 없다고 함은 매우 부당(不當)하며 생각하건데 그것 은 진제무상(眞諦無相)의 의미로서 속제유상(俗諦有相)의 의미 가 아니다. 만약 진제문(眞諦門)에 의한다면 방향(方向)도 없고 국토(國土)도 없고, 무생(無生)이며 무불(無佛)이고, 기쁨을 구할 길도 없고 싫어져 버리는 일도 없읍니다. 그러나 한번 속제문(俗

諦門)에 들어서면 방향(方向)이 있고 국토(國土)가 있고 생(生)
이 있고 불타(佛陀)가 있고 그리고 기뻐할일 버릴일 등이 있읍
니다. 십방국토(十方國土)는 각각(各各) 법보응(法報應)의 삼신
(三身)을 구비(具備)하여 각자(各自)가 정토(淨土)를 건립(建立)
하고저 각각 중생(衆生)에게 복리(福利)를 주게 됩니다. 그래서
아미타불(阿彌陀佛)은 법장인위중(法藏因位中)에서 대원(大願)
을 건립하여 대행(大行)을 수습(修習)하고 신토(身土)를 성만(成
滿)케하여 중생(衆生)을 섭취(攝取)하시므로 그 방향(方向)은 실
로 서방(西方)에 있으며, 그 국토(國土)를 극락(極樂)이라 칭(稱)
하고 그 교주(教主)를 아미타불(阿彌陀佛)이라고 합니다. 만약
편견(偏見)으로서 기심(己心)의 미타(彌陀), 유심(唯心)의 정토
(淨土)를 편집(偏執)하여 극락을 싫어하고 미타(彌陀)의 교설(教
說)에 순종(順從)하고 불타(佛陀)를 마음속에 생각하여 그 본원
력(本願力)에 승탁(乘托)해서 극락에 왕생하여야 됩니다.

문. 어떤사람이 말하기를 그 십만억토(十萬億土)를 지나서 라
고함은 그 이정(里程)을 말하는것이 아니고 자성(自性)의 묘체
(妙體)로서 중악(衆惡)을 초월(超越)함이 십만억토(十萬億土)를
지나감과 같다고 말한것이며, 중악(衆惡)이라 함은 십악(十惡)을
말한다는 설(說)로 들었읍니다. 이러한 일은 어떠한 의미이겠읍
니까?

답. 이러한 설(說)도 매우 맞지 않읍니다. 그러므로 어떠냐하
면 자성(自性)의 중악(衆惡)은 그대로 멀리하는 일이 십만억(十
萬億)을 지난다는 것이며, 사실(事實) 그 세계(世界)를 떠난다는
의미가 아니라면 이것은 단견외도(斷見外道)입니다. 그것은 악공

(惡空)에 떨어진 것입니다. 만약 진제(眞諦)에 의하면 생계(生界) 기계(器界) …… 山河大地 라는 말 …… 는 본래(本來)가 공적(空寂)하였읍니다.

그리고 속제(俗諦)에 의하면 생계(生界) 기계(器界)는 엄연하게 십방(十方)에 현존(現存)하고서 십방(十方)으로 내왕(來往)하는 것입니다. 지금 이 사바(娑婆)에서 극락세계로 향(向)할때는 반드시 약간의 세계를 경유하여가야 합니다. 이것이 십만억토(十萬億土)가 존재한다는 것입니다. 그러므로 여기서 서방십만억토(西方十萬億土)를 경유하고서 세계(世界)가 있읍니다. 그것이 바로 극락세계라는 곳입니다.

102. 무생법인(無生法忍)의 이(理)

그런데 이렇게 정토(淨土)에 왕생(往生)된다고 하여 생(生)이 있으면 반드시 사(死)가 있다는 것은 자연(自然)의 이치(理致)입니다. 그래서 정토(淨土)에 탄생(誕生)될 때가 있다고 하면 조만간(早間)에 사멸(死滅)의 시각(時刻)이 올것이라는 의문(疑問)이 나오게 됩니다.

그러나 그 국토(國土)는 법성(法性)을 순종(順從)해서 법본(法本)을 어기지 않는다는 국토(國土)이므로 한번 왕생(往生)한 자(者)는 생즉무생(生卽無生)이므로 재차(再次)로 사멸(死滅)한다는 근심은 없읍니다. 이에 대하여 담난(曇鸞)의 왕생론(往生論) 주권하(註卷下)에는 다음과 같이 쓰여 있읍니다. "의심(疑心)하여 말하되 생(生)은 유(有)의 근본(根本), 중누(衆累)의 근본(根

本)이다. 사바(娑婆)의 생(生)을 버리고 새로이 정토전생(淨土轉生)을 소망(所望)한다면 생(生)이 소진(消盡)될 날이 없을것이다. 이러한 의심(疑心)을 풀기위하여 그 장엄수려(莊嚴秀麗)한 공덕(功德)이 성취(成就)되어 있음을 보는 것이다. 그 정토(淨土)는 아미타여래(阿彌陀如來)가 청정(淸淨)한 본원(本願)에 의하여 개척(開拓)된 무생(無生)의 생(生)으로서 삼계(三界)에 있는 허망(虛妄)한 생(生)이 아니다. 무엇으로서 그렇게 말하느냐 하면 법성(法性)의 청정(淸淨)은 필경(畢境) 무성(無性)이다. 생(生)이라함은 현재(現在) 생존하는 자의 감정(感情)에 지나지 않는다.”라고 운운(云云)

그래서 용수천친(龍樹天親)과 같은 상근(上根)의 사부(士夫)는 무생(無生)의 생(生)을 알고서 서방(西方)에 전생(轉生)되기를 소망(所望)했읍니다. 그러나 우치몽미(愚痴蒙昧)한 범부(凡夫)는 유정(有情)의 전생(轉生)으로 되는 것으로 착각(錯覺)하면서 서방정토전생(西方淨土轉生)을 소망(所望)하는 것이다. 그 생(生)에 대한 집착(執着)은 정토왕생(淨土往生)과 동시(同時)에 법성무생(法性無生)의 덕(德)으로서 자연(自然)히 그 집착(執着)이 소멸(消滅)됩니다. 그러므로 논주권(論註卷)의 하(下)에는 『얼음 위에서 불을 피우면 화력(火力)이 맹열(猛烈)하여감에 따라서 그 차리의 얼음판이 녹아서 물이 되니, 맹화(猛火)가 물속에서 소멸(消滅)된다는 이치(理致)입니다.』

그 하품(下品)의 사람들이 법성무생(法性無生)을 모른다 할지라도 다만 불명(佛名)을 부르는 힘으로서 왕생(往生)의 의사(意思)를 가지고 그 정토전생(淨土轉生)을 소망(所望)합니다. 그 정

234

토(淨土)는 무생계(無生界)이므로 생(生)을 소망(所望)하는 욕화(欲火)가 자연소멸(自然消滅)됩니다. 이것이 곧 무성법인(無性法忍)입니다.

이상으로서 극락의 본질, 극락왕생의 진의는 대체로 분명하게 설명했읍니다.

제 6 편 극락정토(極樂淨土)의 양상(樣相)

103. 삼부경(三部經)과 극락정토(極樂淨土)

극락정토(極樂淨土)가 어떠한 모양이냐 하는 일에 대해서는 정토삼부경(淨土三部經)에 있어서 석존(釋尊)이 아난존자(阿難尊者)에 대하여 또는 모인 인천(人天) 보살(菩薩)에게 상세(詳細)하게 이야기했던 바가 있읍니다. 다음에 정토삼부경(淨土三部經)에 쓰여있는 극락양상(極樂樣相)을 말하겠읍니다.

우선 아미타여래(阿彌陀如來)의 서원(誓願)에 의하여 장엄수려(莊嚴秀麗)하게 건설된 극락국토(極樂國土)는 그 넓이가 끝없이 맑게 트이고 있읍니다. 그 미묘(微妙)한 양상(樣相)은 매우 훌륭하여 현세(現世)에서 비교(比較)할 수가 없읍니다. 거기에는 상주(常住)의 바람이 조용히 불어오며 사람들은 늙지않고, 꽃이 오므러지지 않고, 조류(鳥類)는 환락(歡樂)을 즐기고, 노래부르고 바람은 진여무생법인(眞如無生法忍)을 향동(響同)하면서 쇠퇴(衰退)와 피로(疲勞)가 전혀 없읍니다.

지금부터 그 극락국토(極樂國土)의 각부분(各部分)의 양상(樣相)을 말하겠읍니다.

104. 정토(淨土)의 개관(槪觀)

그 극락정토(極樂淨土)는 황금(黃金), 백은(白銀), 청유리(靑瑠璃), 적산호(赤珊瑚), 황호백(黃琥珀) 그리고 청백색(淸白色)으로 얼룩진 조개, 차거(硨磲) 또는 황(黃), 백(白), 흑(黑) 등 여러가지 색의 마노(碼碯) 등으로 구성(構成)되어 있으며 칠보(七

寶)땅이 끝없이 넓게 있으며, 보물(寶物)끼리 서로 조영(照映)하며 그 수려(秀麗)한 색조(色調)도 역시 조영(照映)되어서 황금(黃金)의 광채(光彩)가 눈부시며 미묘청정(微妙淸淨)의 극치(極致)를 이루고 있습니다. 수미산(須彌山), 금강산(金剛山), 철청산(鐵圍山)등등의 산(山)은 모두가 없습니다.

바다나 늪이나 계곡 등으로 꺼진 지대(地帶)가 없습니다. 그러나 특별히 관람(觀覽)코져 하면 불타(佛陀)의 신통력(神通力)으로서 수려(秀麗)한 산수경치(山水景致)를 감상(鑑賞)할 수 있습니다. 지옥계(地獄界)라든가, 아귀도(餓鬼道)라든가, 축생도(畜生道)라는 참혹(慘酷)한 곳은 아무데도 없습니다.

춘하추동(春夏秋冬)이라는 기후변화(氣候變化)도 없으며 춥지 않고 덥지 않으며 기후풍토(氣候風土)가 부드럽고 선선하게 조절(調節)되어 있습니다. 그러한 중간(中間)에서 무량수불(無量壽佛)의 위신광명(威神光明)은 가장 훌륭하고 거룩하며 백불(百佛)의 세계(世界), 천불(千佛)의 세계(世界) 기타 무수(無數)한 세계(世界)를 비칩니다.

중생(衆生)이 이 광채(光彩)를 받아서 아미타불(阿彌陀佛)의 본원력(本願力)을 믿는다면 이 사바(娑婆)에 있어서의 노(怒), 탐(貪), 우(愚)와 같은 삼독(三毒)의 번뇌(煩惱)가 없어지고, 몸체가 풍양(豊壤)하여지고 마음이 착해지고 환희심(歡喜心)이 가슴에 충만하여집니다.

설혹 지옥(地獄), 아귀(餓鬼), 축생(畜生)등 삼악도(三惡道)에 떨어져서 고뇌(苦惱)에 시달린다 하여도 그때 만약 아미타불(阿彌陀佛)의 광명(光明)을 우러러보게 된다면 즉시 고통(苦痛)이 사라지고, 선선하고 상쾌한 바람이 불어옵니다.

그리하여 안락정토(安樂淨土)에 전생(轉生)하여서 해탈(解脫)의 복리(福利)를 얻읍니다.

105. 극락(極樂)의 보수(寶樹)

극락정토(極樂淨土)에는 금(金) 은(銀) 유리(瑠璃)라고 하는 칠보수목(七寶樹木)이 무성(茂盛)합니다. 두가지 보배가 섞여있는 것도 있으며 칠보(七寶) 자체(自體)가 섞여있는 수림(樹木)은 열(列)이 바르고 기간(基幹)이 단정(丹正)하고 가지가 서로 보기 좋게 뻗쳐있으며 잎도 아름답게 서로 포개져서 무성(茂盛)하며, 꽃은 순서(順序)에 따라 피고, 과실(果實)이 균등(均等)하게 매달리며 모두의 무성(茂盛)한 양상(樣相)은 그 수려(秀麗)함이 극치(極致)에 이르고 있다.

때로는 청풍(淸風)이 불면 수목(樹木)끼리 서로 움직여서 오묘(奧妙)한 선율(旋律)의 반주(伴奏)와 같이 아름다운 음성(音聲)이 들리고 그 국토(國土)에는 그 옛날 불타(佛陀)가 그 아래에서 오도(悟道)하셨다는 보리수(菩提樹)가 있읍니다. 보리수(菩提樹) 높이가 4 백만리(四百萬里), 그 뿌리둘레가 오십유순(五十由旬), 가지길이가 사방으로 20만리(萬里)나 됩니다.

그것이 여러가지 보배로서 장식(裝飾)되고 가지와 가지사이에는 보배 영락(瓔珞)이 달려서 처져있으며 그 광채(光彩)는 백천색조(百千色調)로 조화(造化)가 되어서 비칩니다. 오묘(奧妙)한 보수(寶樹)의 금물이 그위를 덮고 있읍니다.

어디서인지 날라오는 미풍(微風)이 나무가지를 스치면 나무들은 미묘(微妙)한 음악선율(音樂旋律)을 내면서 불타(佛陀)를 찬양(讚揚)합니다. 그리고 그 음성(音聲)은 십방(十方)으로 퍼져나가서 모든 불타(佛陀) 여래(如來)의 나라로 울려갑니다. 중생(衆生)이 한번 그 음성(音聲)을 들으면 극락왕생(極樂往生)의 생각이 가슴에 벅차서 결(決)코 물러서지 않는 위계(位階)로 들어갈 수 있읍니다.

106. 음악(音樂)과 보배못

그 극락정토(極樂淨土)의 보수(寶樹)사이에 반주(伴奏)되는 음악(音樂)은 이 세상의 극치(極致)라고 하는 제왕(帝王)의 악대(樂隊)가 반주(伴奏)되는 모든 음악(音樂)보다도 사천왕(四天王) 등이 반주(伴奏)하는 기악(妓樂)보다도 뛰어나게 훌륭합니다.

이 보수(寶樹)의 음악이외(音樂以外) 더구나 천연(天然)으로 흘러 나오는 많은 음악반주(音樂伴奏)소리는 그 모두가 법(法)의 음성(音聲)이며 청령오묘(淸鈴奧妙)하고 운치(韻致)가 있읍니다.

이 극락국(極樂國)의 강당(講堂), 정사(精舍), 궁전누각(宮殿樓閣)은 모두가 자연의 칠보(七寶)로서 구축(構築)되어 있읍니다. 그리고 진주(眞珠)와 보물장막(寶物帳幕)이 덮혀 있읍니다. 궁전누각(宮殿樓閣)의 내외좌우(內外左右), 구백리(九百里)등의 크기로 구분(區分)이 되어서 넓이나 깊이가 각각균형(各各均衡)을 이루고 있읍니다.

그 못속에는 팔공덕(八功德)의 물이라고 하여 맑고 냄새가 나지않고 가볍고 차가우며 부드럽고 아름다워서 마시면 매우 기분이 좋으며 마시고 나도 배탈이 없다는 팔종(八種)의 공덕(功德)을 지닌 물이 많이 고여 있읍니다.

그 물은 청정(淸淨)하고, 향기(香氣)높고, 하늘의 감로수(甘露水) 맛입니다. 못(池)은 금색(金色), 자금색(紫金色), 수정(水精) 등 칠보(七寶)로 구축(構築)되어 있어서 황금지(黃金池)에는 백금(白金)바탕이고, 백금지(白金池)에는 황금(黃金)바탕이라는등 이보(二寶), 삼보(三寶)내지 칠보(七寶)가 교차되어 깔려 있읍니다. 못주변에는 선단향수(栴檀香樹)가 있읍니다. 그 꽃이나 잎이 선선한 못가에 처져있어서 수면(水面)에 그림자를 비치고 그 향기(香氣)가 전천지(全天地)에 가득차 있읍니다.

못속에는 청·홍·황·백(靑·紅·黃·白)등의 신묘(神妙)한 연화(蓮花)가 많이 피여있고 그 색채(色彩)와 서광(瑞光)이 조영(照映)되어가면서 수면(水面)을 덮고 있읍니다. 정토(淨土)의 보살(菩薩), 성문중(聲聞衆)이 한번 이 물에 목욕을 하면 정신(精神)이 트이고 몸체가 환희(歡喜)에 젖어서 번뇌(煩惱)의 암운(暗雲)이 사라지고 마음속에 월광(月光)이 스스로 나타납니다. 그물이 청정(淸淨)하여 못바닥 자갈모래에서는 광채가 나고, 아무리 깊어도 청정(淸淨)하기만 합니다. 이것을 바라본 자들은 진여(眞如)의 진리(眞理)를 오득(悟得)하여 자연(自然)히 불타(佛陀)의 길로 들어 섭니다. 이러한 정토(淨土)를 극락국(極樂國)이라고 합니다.

242

107. 정토(淨土)의 주민(住民)

그런데 이 안락국(安樂國)에 왕생(往生)하는 자는 그 몸체에서 청정수려(淸淨秀麗)한 색채(色彩)와 미묘(微妙)한 음성(音聲)과 신통(神通)의 덕(德)을 구비(具備)합니다. 의(衣), 식(食), 주(住) 기타(其他) 필요한 기재(器材)를 구하지 않아도 스스로 나타나서 백미(白味)의 음식(飮食)이 충만합니다. 그러나, 그 음식(飮食)은 보고 느끼기만 하여도 당장 배가 부르며 몸도 마음도 포근해지고 그 미각(味覺)에 집착(執着)되는 일이 없읍니다. 이 평안(平安)하고 쾌락(快樂)이 충만(充滿)한 정토(淨土)는 아미타불(阿彌陀佛)의 본원(本願)의 보답(報答)으로 나타나서 구축(構築)된 것이므로 결(決)코 공적무상상태(空寂無相狀態)가 아니고 원래(元來)부터 형상(形象)있는 정토(淨土)일지라도 그 상주불변(常住不變)의 양상(樣相)은 무위열반(無爲涅槃)의 도리(道理)에 가까운 것입니다.

이 정토(淨土)에 거주(居住)하는 보살(菩薩) 성문(聲聞) 인천(人天)들의 지혜(智慧)는 높고 밝으며 신통(神通)이 있고 명랑(明朗)하게 자재(自在)합니다. 그래서 모두가 비슷비슷한 모습으로서 대소미추(大小美醜)등의 차별(差別)이 없읍니다. 다만 현세(現世)에서 말한바와 같은 천인(天人)이라든가 인간(人間)이라는 명칭(名稱)이 통용(通用)됩니다. 그 용모(容貌)가 단정수려(丹正秀麗)하고 무위열반(無爲涅槃)의 규격(規格)에 알맞는 자연적허무(自然的虛無)의 몸체이며 빈틈없는 몸체를 받아 있읍니다.

그 정토(淨土)의 인천(人天)의 모습이 인계(人界)의 주민(住民)

에 비하여 얼마나 수려(秀麗)한가는 가령 걸인(乞人)이 제왕(帝王)이 된것과 비할수가 있읍니다.

108. 정토(淨土)의 광명(光明)

이 극락정토(極樂淨土)에 거주(居住)하시는 여러 보살(菩薩)님들의 의복(衣服), 음식(飮食) 또는 궁전(宮殿)등은 모두가 보살(菩薩)님의 몸 차수에 알맞게 어울리게 제작(製作)되어 있으므로 그 고하대소(高下大小)의 동작(動作)이 자유자재(自由自在)이며 무량(無量)의 보물(寶物)을 구하고저 의사(意思)표시만 하면 무엇이든지 구할수 있읍니다. 보의(寶衣)는 어디서든지 가질 수 있으며 무량(無量)의 보물(寶物)에서 나오는 보물금망(寶物金網)은 넓게 허공(虛空)에 걸려서 금사(金絲), 은사(銀絲), 진주(眞珠)등이 교직(交織)되어 있읍니다. 그 사방(四方)에는 보령(寶鈴)이 달려 있어서 눈부시게 아름답습니다.

거기에 자연(自然)의 덕풍(德風)이 불어와 조용히 움직이면서 적당한 온도(溫度)를 유지하며, 부족(不足)함이 없이 충만한 생활을 합니다. 미풍(微風)에 오묘(奧妙)한 법성(法聲)의 음율(音律)이 들려오며 우리들의 번뇌(煩惱)를 씻어주고 그대로 선정삼미(禪定三昧)의 경지(境地)에 이르릅니다. 더욱 그 바람은 꽃잎을 날려서 불토전체(佛土全體)에 퍼집니다. 그 색채(色彩)는 차차로 퍼져서 흩어지지도 않고 부드러운 광채(光彩)와 향기(香氣)로운 냄새를 풍깁니다. 보살(菩薩)님이 그 낙화(落花)위로 보행(步行)하시면 발자취에 따라 약간 우거지다가 곧 원상태로 평탄

하여집니다.

여러가지의 보배 연화(蓮花)가 극락세계(極樂世界)에 충만(充滿)합니다. 하나하나의 연화(蓮花)에는 백천억(百千億)의 꽃변이 있읍니다. 꽃잎의 광채(光彩)는 무량(無量)하여 연분홍의 꽃잎 광채가 납니다. 그리고 현(玄), 황(黃), 주(朱), 자(紫)등의 여러가지 광채로서 화려(華麗)하게 조영(照映)되고 있읍니다.

하나하나의 꽃잎은 그대로 자마황금(紫磨黃金)빛 불신(佛身)으로서 그 모습이 매우 수려(秀麗)합니다. 그래서 무량(無量)의 중생(衆生)으로 하여금 그 마음씨를 불타(佛陀)의 정도(正道)로 평안(平安)하게 인도(引導)하게 됩니다.

109. 정토(淨土)의 십육관법(16 觀法)

이상은 모두가 대무량수경(大無量壽經)에서 설교(設敎)된 것을 말했읍니다. 그러나 우리들 범부(凡夫)는 이렇게 훌륭한 극락을 어떻게 보며 어떠한 방법(方法)으로서 왕생(往生)할 수 있을까 하는 일에 대하여 부처님께서는 관무량수경(觀無量壽經)에 자상하게 십육관법(16 觀法)으로 해석하여 두었읍니다.

그 제 1 은 일상관(日想觀)이라고 하여 정좌서향(正座西向)하여 일몰(日没)을 보고서 서방(西方) 극락(極樂)의 위치(位置)를 관상(觀想)하는 일이다.

제 2 는 수상관(水想觀)이라 해서 유리(瑠璃)의 대지(大地)가 넓게 평탄하게 밝게 조영(照映)되는 것을 관상(觀想)하는 일입니다.

제 3 은 지상관(地想觀)이라고 하여 극락대지(極樂大地)를 밝고 똑똑하게 관상(觀想)하는 일입니다.

제 4 에는 보수관(寶樹觀)이라 하여서 극락(極樂) 보수(寶樹)의 불가사의(不可思議)한 모습을 관상(觀想)하는 일입니다.

제 5 에는 보지관(寶池觀)이라 하여 팔공덕(八功德)의 물 못 가운데의 칠보연화(七寶蓮花)의 모습을 관상(觀想)하는 일이다.

제 6 에는 보루관(寶樓觀)이라 하여 극락국토(極樂國土) 가운데에 있는 오백억(五百億)의 보루궁전(寶樓宮殿)을 관상(觀想)하는 일입니다.

제 7 에는 화좌관(華座觀)이라고 하여 불타(佛陀)의 대좌(台座)인 칠보(七寶)의 연화(蓮花)를 관상(觀想)하는 일입니다.

제 8 에는 상관(像觀)이라고 하여 그 칠보연대(七寶蓮台)에 정좌(正座)하신 진불(眞佛)을 회상(回想)하여서 그와 형상(形像)이 유사(類似)한 금색상불(金色像佛)을 관상(觀想)하는 일입니다.

제 9 에는 진신관(眞身觀)이라 하여 상관(像觀)에 대하여 진실(眞實)한 무량수불(無量壽佛)의 색신(色身)을 관상(觀想)하는 일입니다.

제 10 에는 관음관(觀音觀)이라고 하여 무량수불(無量壽佛)의 좌측협사(左側脇士)인 관세음보살(觀世音菩薩)의 색신(色身)을 관상(觀想)하는 일이며,

제 11 에의 세지관(勢至觀)이라함은 무량수불(無量壽佛)의 우측협사(右側脇士)인 세지보살(勢至菩薩)의 색신(色身)을 관상(觀想)하는 것이다.

제 12 의 보관(普觀)이라함은 불보살(佛菩薩) 모두가 정토허공

(淨土虛空)에 널리 정좌(正座)하신 양상(樣相)을 보고서 자신(自身)이 스스로 왕생(往生)길을 관상(觀想)한다는 것이고,

제 13 의 잡상관(雜想觀)이라함은 진불진보살(眞佛眞菩薩)을 볼 수 없는 하근열기(下根劣機)의 범부(凡夫)는 극락지수상일장육자(極樂地水上壹丈六尺)위에 아미타불(阿彌陀佛)이 계신다고 관상(觀想)한다면 여래숙세원력(如來宿世願力)에 의하여 부처님의 진상(眞像)을 만나보게 될 것이라는 관상법(觀想法)이다.

110. 구품왕생(九品往生)

제 14 의 상배관(上裵觀)이라함은 상품(上品), 중품(中品), 하품(下品)등 세가지에 대한 관상법(觀想法)을 말하며,

제 15 의 중배관(中輩觀)이라함은 역시 상, 중, 하의 삼품관상법(三品觀想法)이고,

제 16 의 하배관(下輩觀)도 역시 상, 중, 하로 삼품관상법(三品觀想法)이다.

이상을 모두 합쳐서 십육관(十六觀)이라고 합니다.

이 상중하(上中下)의 십배관(十輩觀)에서 상중하(上中下)의 삼품(三品)을 배치하는 것을 구품(九品)이라고 하여, 중생(衆生)은 생전(生前)의 행업(行業)에 있어서 왕생(往生)에 구종(九種)의 품등(品等)으로 나뉘어 있다고 표시(表示)한 것입니다.

상품상생(上品上生)이라함은 자심(慈心)에 있어서 살생(殺生)하지 않고 계행(戒行)을 구비(具備)하고서 대승경전(大乘經典)을 독송(讀誦)했던 자는 그 임종(臨終)때 아미타여래(阿彌陀如

來)가 관음(觀音) 세지(勢至)와 여러 화불(化佛), 성문(聲聞), 제천인(諸天人)을 거느리고 궁전(宮殿)을 떠나서 행자(行者)에게 내영(來迎)하시며 극락왕생(極樂往生)시켜서 무생법인(無生法忍) …… 不生不滅의 悟道 …… 를 오득(悟得)토록 하신다는 것입니다.

상품중생(上品衆生)이라 함은 반드시 경전독송(經典讀誦)하지 않아도 깊이 인과(因果)를 믿고서 대승(大乘)을 욕(辱)보이지 않고서, 극락왕생(極樂往生)을 소망(所望)한다면 그 사람은 임종(臨終)때 아미타여래(阿彌陀如來)가 관음(觀音), 세지(勢至), 무량대중(無量大衆), 권족(眷族)을 거느리시고 행자(行者)에게 내영(來迎)하여 극락국(極樂國)의 칠보지중(七寶池中)에 왕생(往生)시키고 7일이 지난후에 불퇴전(不退轉)의 위개(位階)로 넣어서 일소겁(一小劫)이 지난후에 비로소 무생법인(無生法忍)을 얻는다고 합니다.

상품하생(上品下生)이라함은 인과(因果)를 믿고 대승(大乘)을 욕(辱)되게 하지않고 무상도심(無上道心)이 발생(發生)한 자가 극락왕생(極樂往生)을 원하면, 그 사람의 임종(臨終)때는 아미타불(阿彌陀佛)이 관음(觀音), 세지(勢至), 여러 권족(眷族)을 거느리고 내영(來迎)하시여 칠보지중(七寶池中)에 왕생(往生)시켜서 삼소겁(三小劫)이 경과한후에 법문(法門)을 체득(體得)하여 환희지(歡喜地)라는 보살(菩薩)의 위개(位階)로 넣어 주신다고 합니다.

중품상생(中品上生)이라함은 오계(五戒)를 수지(受持)하고 오역(五逆)을 범(犯)하지 않는자가 선근(善根)의 공덕(功德)으로서 극락국(極樂國)에 왕생(往生)코저 하면 그 사람의 임종(臨終)때 아미타불(阿彌陀佛)은 여러 비구(比丘)를 거느리시고 내영(來迎) 하시여 극락세계(極樂世界)에 왕생(往生)시키고서 아라한과(阿 羅漢果) …… (生死의 混迷를 해탈하는 위개(位階)) ……를 주어 서 팔해탈(八解脫)을 얻는다고 합니다.

중품중생(中品中生)이라함은 팔계(八戒)를 수지(受持)한 공덕 (功德)에 의하여 극락국왕생(極樂國往生)을 소망(所望)하면 그 사람의 임종(臨終)때는 아미타불(阿彌陀佛)은 권족(眷族)과 같 이 행자(行者)에게 내영(來迎)하시여 극락세계(極樂世界)로 왕 생(往生)시키고 성문(聲聞)의 초급위개(初級位階)를 주시여 반 겁후(半劫後)에 아라한과(阿羅漢果)를 얻는다고 합니다.

중품하생(中品下生)이라함은 부모(父母)에게 효양(孝養)하고 세상(世上)에 자비(慈悲)를 베푸는 자가 임종(臨終)때는 선지식 (善知識) …… (다른 사람을 포교하여 불도에 들어오게하여 덕망 이 높은 사람) ……을 위하여 극락정토(極樂淨土)의 이야기 48원 (願)을 듣고서 그 임종(臨終)때는 극락세계(極樂世界)로 왕생(往 生)합니다. 7일후 관음(觀音), 세지(勢至)를 만나뵙고서 법문(法 文)을 듣고 환희(歡喜)하여 일소겁후(一小劫後)에 아라한과(阿 羅漢果)를 얻는다고 합니다.

하품상생(下品上生)이라함은 생전(生前)에 나쁜짓만하고 부끄 러울줄 모르다가 임종(臨終)때가 되어서 선지식(善知識)에게 여 러 경전(經典)의 이름을 들었으므로 극중(極中)의 악업(惡業)이 제거(除去)되고 합장(合掌)하여 나무아미타불(南無阿彌陀佛)이 라고 염불(念佛)하면서 임종(臨終)을 끝냅니다. 그 임종(臨終)때의 염불(念佛)의 공덕(功德)으로서 극락국(極樂國)의 보배못중(寶池中)에 왕생(往生)하고서 십소겁(十小劫)이 지나서 법문(法門)을 이수(履修)하여 보살(菩薩)의 초보(初步)에 입문(入門)하는 것이라고 합니다.

하품중생(下品中生)이라함은 생전(生前)에 오계팔계(五戒八戒)를 범(犯)하고 불구(佛具)를 도적(盜賊)질한 자는 임종(臨終)때에 지옥(地獄)의 중화(衆火)에 일시적(一時的)으로 가다가 선지식(善知識)의 대자비(大慈悲)를 만나게 되어서 아미타불(阿彌陀佛)의 위덕(威德)을 듣고 그 공덕(功德)에 의하여 지옥(地獄)의 맹화(猛火)가 변(變)하여 선선한 바람이 되고, 극락왕생(極樂往生)하여 연화중(蓮華中)에 있기를 육겁후(六劫後)에 불설(佛說)을 만나서 무상도심(無上道心)을 발휘(發揮)합니다.

하품하생(下品下生)이라함은 생전(生前)에 오역십악(五逆十惡)을 범(犯)한 우인(愚人)이 임종(臨終)때 선지식(善知識)에게 위로(慰勞) 받고서 염불(念佛)을 권유(勸誘)받아 겨우 불명(佛名)을 말한 공덕(功德)으로서 임종(臨終)때 일념(一念)으로 금연화(金蓮華)를 보고 극락왕생(極樂往生)하여 연화중(蓮華中)에 쌓여있기를 12겁후(十二劫後)에 비로소 불설(佛說)을 만나서 보리심(菩提心)을 발휘(發揮)합니다.

범부왕생(凡夫往生)의 원인(原因)이 반드시 이상(以上)의 구품(九品)에 한정(限定)되는 것이 아니며 실(實)로 무수(無數)하게 많으나 예(例)를 들어서 구품(九品)으로 나누어 본 것입니다.

111. 범부왕생(凡夫往生)의 인(因)

그런데 이상의 십육관(一六觀)에 의하여 우리들 범부(凡夫)가 극락(極樂)에 대한 견해(見解)의 순서(順序)와 왕생(往生)의 원인(原因)을 명백(明白)하게 했읍니다만은 이 극락(極樂)은 어디 있을까 그리고 우리들 죄악심중(罪惡深重)의 범부(凡夫)는 어떻게 편안(平安)하게 그 극락왕생(極樂往生)이 될수 있을까 라는데 대하여 대무량수경(大無量壽經)에는 『왕생업인(往生業因)』으로서 다음과 같은 소중(所重)한 일절(一節)이 쓰여 있읍니다.

그것은, 『십방일체(十方一切)의 모든 중생(衆生)이 제불찬탄(諸佛讚嘆)하시는 아미타불(阿彌陀佛)의 명호(名號)를 듣고서 몸도 마음도 환희(歡喜)되어 다만 일념(一念)이라도 아미타불(阿彌陀佛)은 진심(眞心)으로 명호(名號)를 회향(廻向)하여 주시므로 그 복리(福利)에 의하여 그 극락정토(極樂淨土)에 왕생코저 하시면 지금 당장 아미타불(阿彌陀佛)의 광명중(光明中)에 싸여서 왕생복리(往生福利)를 얻어 이미 물러서지 않는다는 단계(段階)까지 갈 수가 있읍니다. 다만 오역(五逆)을 범(犯)하고 정법(正法)을 욕(辱)되게한 자는 제외(除外)되는 것입니다』라고 말하였읍니다.

이것이 유명한 원성취문(願成就文)으로서 정토진종(淨土眞宗)의 본바탕이 되어 있다.

112. 극락(極樂)의 위치(位置)

다음에 극락(極樂)이 어디있는가 라는데 대하여서는 아미타경(阿彌陀經)에 있어서 아래와 같이 쓰여 있읍니다. 동시(同時)에 결론(結論)으로서 극락양상(極樂樣相)과 염불왕생(念佛往生)의 연기(緣起)를 말하고 있읍니다.

부처님께 입멸기(入滅期)가 가까와졌을때 사위국(舍衛國) 남방지원정사(南方祇圓精舍)에서 장로(長老) 사리불(舍利佛)에게 설법(說法)하신 내용(內容)을 게재(揭載)합니다.

이 사바세계(娑婆世界)의 십만억(十萬億)의 불타(佛陀)의 나라를 지나서 하나의 아름다운 나라가 있읍니다. 거기를 극락(極樂)이라고 합니다. 거기에는 아미타불(阿彌陀佛)이라는 여래(如來)가 지금 법문(法文)을 설법(說法)하고 있읍니다. 어째서 그 나라를 극락(極樂)이라고 하느냐 하면 그 나라의 중생(衆生)들은 하등고통(何等苦痛)없이 모든 행복(幸福)과 즐거움만이 있는 까닭이라고 하셨읍니다.

113. 장엄(莊嚴)한 양상(樣相)

그 극락(極樂)에는 칠중(七重)의 난간(欄干)이 있읍니다. 공중(空中) 칠중주옥(七重珠玉)으로 연결(連結)한 금물이 있었읍니다. 그 중간(中間) 지점(地點)에는 칠중(七重)의 병수(並樹)가 무성(茂盛)합니다.

그것은 모두가 금은(金銀), 유리(瑠璃), 파리(玻璃)라는 네가지

보석(寶石)으로서 구축(構築)되어서 그 나라를 둘러싸고 있읍니다. 그러므로서 그 나라를 극락이라고 합니다.

또한 그 극락(極樂)에는 칠보지(七寶池)가 있어서 청정(淸淨)한 팔공덕(八功德)의 물이 고여 있읍니다. 못(池) 밑바닥에는 금(金)자갈이 깔려 있읍니다. 그 네모서리에는 금은(金銀), 청옥(靑玉), 수정(水晶)의 사보(四寶)로써 구축(構築)한 계단(階段)길이 있으며, 그 위로 누각(樓閣)이 솟아있고, 못(池) 가운데는 커다란 연꽃이 피여 있읍니다. 그 꽃은 파랑, 노랑, 빨강, 흰색 등 여러가지 종류(種類)가 있어서 향기(香氣)가 높고 온화(溫和)한 날씨입니다. 극락정토(極樂淨土)는 이러한 공덕(功德)으로서 장엄수려(莊嚴秀麗)하게 설치(設置)되어 있읍니다.

이 정토(淨土)에는 언제나 청아영묘(淸雅鈴妙)한 음악이 늘 반주(伴奏)됩니다. 토지(土地)는 황금(黃金)으로 조성(造成)되고 있으며, 그 지상(地上)에는 매주야(每晝夜) 각각(各各) 삼회(三回)씩 공중(空中)에서 만타라화(曼陀羅華) …… 백연화……가 많이 날라옵니다. 이 정토(淨土)에 거주(居住)하는 중생(衆生)은 매일(每萬) 새벽에 조용할 때 그 꽃잎을 주워 꽃쟁반에 담아서 이것을 다른 십만억(十萬億)의 제불(諸佛)에 공양(供養) 드리고서 정오전(正午前)에 돌아옵니다.

그다음 식사등(食事等)을 마치고 보배못(寶池), 보수림(寶樹林) 주변(周邊)을 산보(散步)합니다. 또한 그 극락(極樂)에서 학. 가능빈가(鶴. 迦陵頻伽), 공명조(共命鳥)등의 조류(鳥類)가 아름다운 것이 있어서 주야(晝夜) 여섯시(六時)에는 고운 소리로서 불도수행(佛道修行)을 찬미(讚美)합니다. 중생(衆生)들은 그 소리

를 듣고서 불. 법. 승(佛 法 僧)의 삼보(三寶)의 은덕(恩德)을 생
각합니다. 하여간(何如間) 이 나라의 생물은 전세(前世)의 업보
(業報)로서 탄생(誕生)되지 않으므로 삼악도(三惡道)의 이름도
없고 그 실태(實態)도 없읍니다.

그 조류(鳥類)들도 아미타여래(阿彌陀如來)가 법문음성(法文
音聲)을 홍포(弘布)하기 위하여 신통력(神通力)으로서 조화(造
化)시킨 자비(慈悲)의 표식(標識)입니다.

이렇게하여 조류(鳥類)가 법문연주(法文演奏)하는 이외에 바
람도 법문연주(法文演奏)를 합니다.

그 바람은 부드럽게 칠보행수(七寶行樹)나 보령(寶鈴)을 불어
서 움직이게 되면 가지나 잎이 미소(微笑)를 띄우고 옥령(玉鈴)
이 청아(淸雅)하게 울립니다. 그 음감(音感)이 신비교묘(神祕巧
妙)하여 음계(音階)가 구분(區分)되어 있으므로 마치 백천(百千)
의 음악(音樂)이 일시(一時)에 터져나오는듯 아름답습니다. 이
음악(音樂)을 들은 자(者)들은 모두가 스스로 삼보(三寶)의 은덕
(恩德)을 찬양(讚揚)하는 마음이 우러나옵니다.

그 나라에 계시는 불타(佛陀)는 그 광명(光明)이 무량(無量)하
여 그 수명(壽命)이 무량(無量)한 까닭입니다. 그 분을 아미타여
래(阿彌陀如來)라고 함은 광명무량(光明無量), 수명무량(壽命無
量)이라는 의미(意味)입니다.

114. 극락왕생(極樂往生)의 올바른 인연(因緣)

그래서 이 인간계(人間界)의 중생(衆生)은 어떻게 하던지 그

극락정토(極樂淨土)로 전생(轉生)코저 소망(所望)할 것입니다. 어떻게 하면 전생(轉生)될까 생각한다면 모든 선근(善根)을 쌓아서 둔다는 것도 매우 좋은 일이기는 하나, 죄(罪)많은 인간(人間)이 소악(小惡)도 없이 완전(完全)한 적선(積善)이 될수가 없읍니다. 더구나 소선근(小善根), 소복덕(小福德)의 인연(因緣)으로서는 절대(絶對)로 극락(極樂)에 전생(轉生)되기가 어려운 것입니다.

그렇다면 어떻게 하면 좋을까 하면 다만 아미타불(阿彌陀佛)의 자비(慈悲)를 빌고, 그 명호(名號)를 신봉(信奉)하고서 단지 하루라도 혹은 7일간이라도 시각(時刻)에 관여(關與)없이 다만 일심전력(一心全力)으로 염불(念佛)하여, 잡념(雜念)이 없도록 하여야 합니다. 지성(至誠)으로 염불독송(念佛讀誦)하는 사람은 그 임종(臨終)때가 되면 아미타여래(阿彌陀如來)는 여러 성중(聖衆)과 더불어 그 행자(行者)에게 나타나서 수호(守護)하여 주시면 완전(完全)하게 운명(殞命)할때까지 마음먹은 신심(信心)의 경지(境地)가 불타(佛陀)의 자비(慈悲)로서 변경(變更)없이 그대로 계속(繼續)되어서 극락왕생(極樂往生)으로 인도(引導)하십니다.

이상의 사실(事實)은 아미타불(阿彌陀佛)께서 친히 살펴보시고 계십니다. 그것은 일체제불(一切諸佛)이 이 불가사의(不可思議)한 공덕(功德)을 예찬(禮讚)드리므로써 증명(證明)됩니다. 그래서 숙선(宿善)이 전개(展開)된 남·녀(男·女)들이 제불(諸佛)이 설교(設敎)하시는 나무아미타불(南無阿彌陀佛)의 여섯자(字)의 명호(名號)를 신봉(信奉) 암송(暗誦)드리면 그 사람들은 현세

(現世)에 있어서는 일체제불(一切諸佛)에게 호념(護念)되오며, 미래세(未來世)에 있어서는 불타(佛陀)와 같이 오득(悟得)될 수 있읍니다.

이렇게 하여서 현세(現世)와 내세(來世)에 걸쳐서 이세(二世)의 복리(福利)를 누릴수 있읍니다. 이러한 일은 그 아미타불국(阿彌陀佛國)에 전생(轉生)코저 소망(所望)한 자는 모두가 왕생성불(往生成佛)됨이 틀림없읍니다. 즉 그 안락정토(安樂淨土)는 과거세(過去世)에 있어서 이미 왕생(往生)하였고, 현세(現世)에도 왕생(往生)되었고 미래세(未來世)에도 반드시 왕생(往生)되어야 할 나라입니다.

『선남선녀(善男善女)여, 이 여러부처님의 가르침을 믿고 진실(眞實)한 소망(所望)을 가지고 그 안락정토(安樂淨土)로 왕생(往生)함이 좋을 듯 합니다.』라고 부처님께서는 설교(設敎)하셨읍니다. 그리고 마지막으로 부처님이 말씀하시기를 『오탁악세(五濁惡世)에 있어서 신봉(信奉)하기 힘들고, 설법(說法)하기 힘드는 희귀(稀貴)한 이 법(法)을 잘 설법(說法)할 수 있다는 것은 매우 곤란(困難)한 일이었다. 내 스스로가 불가사의(不可思議)하게 느낀다. 여기에 있어서도 나의 배후(背後)에는 아미타불(阿彌陀佛)이 계신다는 것을 잊어서는 안된다』라고 말씀하셨읍니다.

115. 지장(地藏)과 육도교차로(六道交叉路)

지장보살(地藏菩薩)님의 이름만 들어도 반갑습니다. 온화(溫和)한 감정(憾情)을 주십니다. 지장보살(地藏菩薩)은 번역하여 지지

(持地) 또는 무변신(無邊身)이라고 합니다. 지(地)는 만물(萬物)이 태생(胎生)하고 장(藏)은 보배를 간직합니다. 이 지(地)와 보(寶)를 모두 가지시고 흘린 일이 없으므로 그대로 복신(福神)입니다. 또한 48종(種)으로 변신출현(變身出現)하시여 중생(衆生)을 구제(救濟)하고 또한 쉬지않고 교화(敎化)하시므로 무변신(無邊身)의 보살(菩薩)입니다.

지장보살(地藏菩薩)은 옛날 도리천(刀利天)에 있을때 현세(現世)의 육취(六趣) …… 지옥에서 천계까지 …… 를 구제(救濟)하고 져 부처님으로 부터 위촉(委囑)받았읍니다.

그래서 석가입멸후(釋迦入滅後)부터 미륵보살(彌勒菩薩)이 출세(出世)하실때까지 …… 이것을 무불세계(無佛世界)라고 함 …… 그동안 56억 7천만년간에 걸쳐서 중생(衆生)을 구제(救濟)하시고져 발원(發願)하시여 그 소망(所望)대로 실제(實際)로 시행(施行)하시고 있읍니다.

그래서 그 구제(救濟)의 방편(方便)으로서 항상(恒常) 육도(六道)에 출현(出現)하십니다. 그 육도(六道)라 함은 지옥(地獄), 아귀(餓鬼), 축생(畜生), 수라(修羅), 인간(人間), 천상(天上)의 육취(六趣)이며 이 여섯개(六箇)는 설혹 천인(天人)이라 하여도 아직 범인위계(凡人位階)를 벗어나지 못하므로 육범(六凡)이라고도 합니다. 그 위로 성문(聲聞), 연각(緣覺), 보살(菩薩), 불타(佛陀)는 성자(聖者)의 위계(位階)이므로 이것을 사성(四聖)이라고도 합니다. 사람이 죽으면 각자(各自) 생전(生前)의 죄과여하(罪科如何)에 따라서 삼도강(三途江)을 건너서 장도(長途)의 여로(麗路)로 떠나서 육도(六道)의 교차로(交叉路)에 도달(到達)합니다. 여기서부터 지옥(地獄)에 가든가. 아귀도(餓鬼道)로 가든가. 혹은 인간세상(人間世上)으로 되돌아온다든가. 등등으로 결정(決定)이 됩니다.

그러한 모든 중생(衆生)을 구제(救濟)코저 하시는 지장보살(地藏菩薩)은 제1에는 지옥(地獄)에 가셔서 단타지장이 되어서 옥계고생(獄界苦生)하는 자를 구제(救濟)하시고, 제2의 아귀도(餓鬼道)에 가셔서는 보주지장(寶珠地藏)이 되어서 아귀(餓鬼)를 구제(救濟)하시고, 제3의 축생도(畜生道)에 가서는 보인지장(寶印地藏)이 되어서 축생(畜生)을 구제(救濟)하시고, 제4의 수라도(修羅道)에 가서는 지지지장(持地地藏)이 되어서 수라(修羅)를 옹호(擁護)하시고, 제5의 인간계(人間界)에 있어서는 제개장지장(除蓋障地藏)이 되어서 인간팔고(人間八苦)의 개장(蓋障)를 제거(除去)하시고, 제6으로서는 일광지장(日光地藏)이 되시여 천인(天人)의 오쇄(五衰)를 조영(照映)하시여 그 고뇌(苦惱)를 제거(除去)시킵니다.

위의 사연(事緣)에 따라 육지장(六地藏)이라고도 합니다. 이러한 내용은 연화삼미경(蓮華三昧經)에 쓰여 있읍니다.

116. 연명지장(延命地藏)과 수량(壽量)

연명지장경(延命地藏經)에 의하면 연명지장보살(延命地藏菩薩)이 있었읍니다. 이 경(經)에 의하면 어느때 불타(佛陀)가 거라타산(去羅陀山)에 거주(居住)하셨읍니다. 제석천(帝釋天)에 명(命)하여 말씀하시기를 한분의 보살(菩薩)이 계셨는데 그 분이 연명보살(延命菩薩)이라고 하셨는데, 누구나가 이 연명보살(延命菩薩)을 우러러본다든가, 그 이름만 들어도 모든 병(病)이 모두 제거(除去)되고 수명장수(壽命長壽)합니다. 또한 다른 나라에서 침공(侵攻)하는 일도 없고 자기 나라에서 반역자(反逆者)도 나오지 않습니다.

그래서 제석천(帝釋天)이 불타(佛陀)에 질문(質問)하기를 『세존(世尊)이시여 무슨 연고(緣故)로 명명(命名)하시기를 연명보살(延命菩薩)이라고 하십니까』하니, 세존(世尊)께서 대답(對答)하시기를 『마음에 생멸(生滅)이 없으므로 연명(緣命)이라고 부른다』라고 말씀하셨읍니다. 이때 두 동자가 좌우에 시립(侍立)하고 있읍니다. 좌측(左側)은 장선(掌善)이라하여 이 동자(童者)는 법성조절(法性調節)의 역할(役割)을 시키고, 우측(右側)은 장악(掌惡)이라하여 무명(無明) 즉 혼미(混迷) 됨을 항복(降伏)시키는 역할을 시키고 있다고 설명(説明)하셨읍니다.

대체로 연명보살(延命菩薩)이라 하면 약간 수명(壽命)을 연장(延長)시켜주는 지장보살(地藏菩薩)이라고 생각하고 있읍니다. 즉 50세때 사망(死亡)될 사람이 60세까지 연장(延長)받을 수 있고 일주일(壹週日)째 죽을 사람이 약 삼일간(三日間) 연명(延命)받을 수 있어서 10일간을 연명(延命)해 주시는 복리(福利)를 받을 수 있다고 합니다.

그러나 경문(經文)에 나타난 이야기를 상세(詳細)하게 보시면 알수 있듯이 무의미하게 삼일(三日)이나, 삼년(三年) 또는 오년(五年)만으로만 연명(延命)하여 주시는 것이 아닙니다. 마음에 생멸(生滅)이 없이 연장(延長)되는 수명(壽命)이므로 영구(永久)

히 연명(延命)됩니다.

즉 죽는다 산다 하는 적은 생각을 없애버림으로써 얻어지는 불사(不死)의 오도(悟道)이므로 영구불사(永久不死)의 수명(壽命)을 받읍니다.

117. 지옥신앙(地獄信仰)의 귀취(歸趣)

어떻게하여 그 영구불멸(永久不滅)의 수명(壽命)을 받을수 있을까 하면 장악동자(掌惡童子) 손에 의하여 무명(無明)이라는 마음의 그림자를 조절(調節)받을 것이며 그렇게하여 마음의 생멸(生滅)을 제거(除去)하여 주시면 즉시 그 복리(福利) 혜택(惠澤)을 받을 것입니다. 요사이 사람들은 눈앞의 소욕(小欲)에만 빠져 있으나, 불타(佛陀) 지장보살(地藏菩薩)은 우리들에게 훨씬 커다란 욕망(欲望)을 주십니다.

염마(閻魔)의 본신(本身)은 아미타불(阿彌陀佛)입니다. 지장(地藏)의 본신(本身)도 아미타불(阿彌陀佛)입니다. 하나는 분노(忿怒) 또 하나는 자비(慈悲)의 표정(表情)으로서 그 모습은 다르나 다같이 하나의 아미타불(阿彌陀佛)의 관(寬)과 엄(嚴)의 이상(二相)을 표현할 따름이다.

그래서 지장(地藏)과 염마(閻魔)를 일불이체(一佛二體)라고 합니다.

또한 법장(法藏)보살이라 함은 아미타불(阿彌陀佛)의 옛이름입니다. 그러므로 법장보살(法藏菩薩)과 지장보살(地藏菩薩)도 동체이명(同體異名)입니다. 다만 그 화현(化現)의 일단(一段)이

되어서 하나는 아미타불(阿彌陀佛)이 되시고 또 하나는 지장보
살(地藏菩薩)이 된것입니다. 조용하게 인내(忍耐)하시기가 대지
(大地)와 같고 정로심밀(靜盧深密)하기를 비장(秘藏)함과 같으
므로 지장(地藏)이라고 합니다. 이러한 사실(事實)은 지장십륜경
(地藏十輪經)에 예찬(禮讚)되어서 기재(記載)되어 있읍니다.

지장본원경(地藏本願經)에는 『지성(至誠)으로 지장상(地藏像)
을 예찬(禮讚)한다면 일체(一切)의 악사(惡事)가 소멸(消滅)되고
꿈속에 이르기까지 만사(萬事)가 평안(平安)하게 되고 의식(衣
食)이 풍부(豊富)해지고 신귀(神鬼)가 수호(守護)하여 주신다』라
고 쓰여 있읍니다.

그림으로 보는 12극락

第一, 극락의 일상관 (日想觀)

극락세계(極樂世界)의

이 소재(所在)를

알고저 한다면

서방(西方)에서

해가 지는 곳으로

바라보고 생각

하면

부지불각중(不知不覺中)

에 정토양상(淨土樣相)

을 느낄수가 있을

것이다.

(관경소설…觀經所說)

第一二, 극락의 수상관(水想觀)

극락의 유리(瑠璃)의 대지(大地)의
빛의 근본(根本)은
八만四천의 색채(色彩)가
있으며 대지(大地)에
비치는 수많은 광선중
(光線中)에서 많은
많은 바람이 불어
나온다.

第三, 극락의 지상관 (地想觀)

도통 (道通)을
하면
이렇게 대지 (大地)의
맥동양상 (脈動樣相)을
볼 수 있으며
생사고해 (生死苦海)에서

헤매는 일체의
죄업 (罪業)에서
벗어날 수 있다.

266

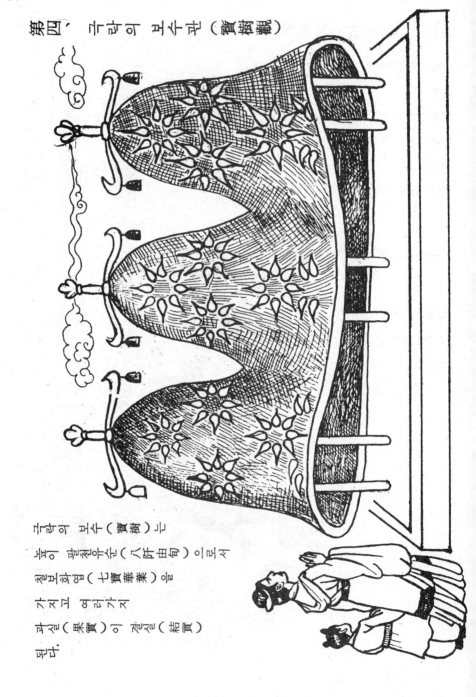

第四, 극락의 보수관(寶樹觀)

극락의 보수(寶樹)는
높이 팔천유순(八阡由旬)으로서
칠보화엽(七寶華葉)을
가지고 여러가지
과실(果實)이 결실(結實)
된다.

第五. 극락의 보지관(寶池觀)

극락국토에는
여덟개 못이
있다.
못물속에는
칠보연화(七寶
蓮華)가 만발
하고 물은
꽃사이와
나무사이로
흐른다.

물소리가 흐름
따위서 멀리
부처님을
찬미한다.

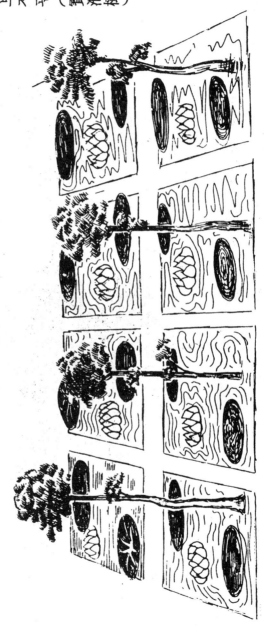

第六, 극락의 보루관(寶樓觀)

극락국토 하나하나의
세계속에 오백억(五百億)의
보루(寶樓)가 있다.
누각(樓閣)속에 무량수보살
(無量壽菩薩)이 있어서
하늘의 기악(妓樂)을
반주(伴奏)한다.

그 음율속에서
염불소리가
스스로
나온다.

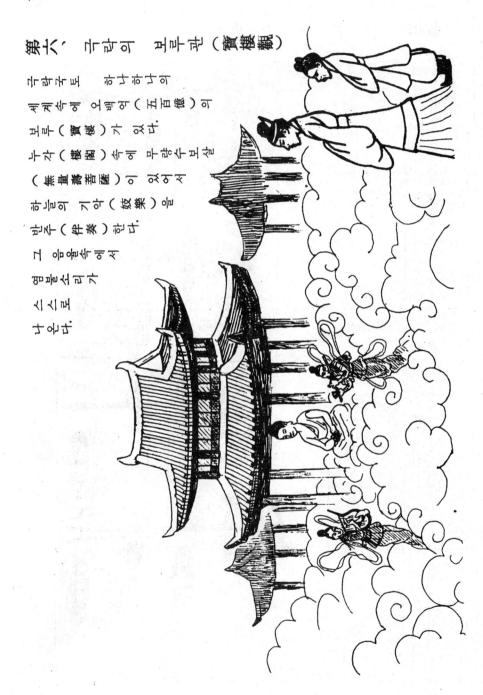

第七, 극락의 화좌관 (華座觀)

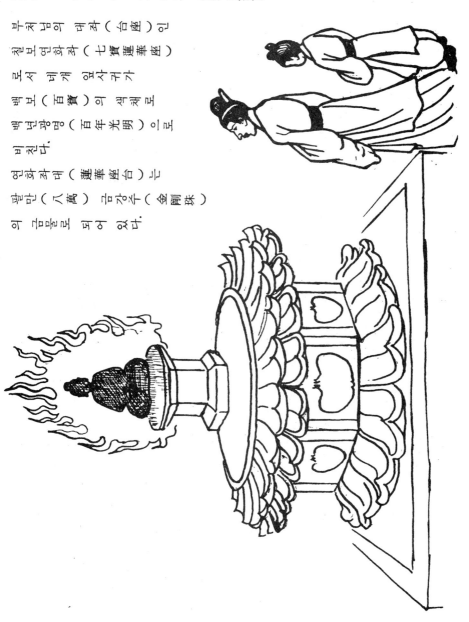

부처님의 대좌(台座)인
칠보연화좌(七寶蓮華座)
로서 네게 앉으시가
백보(百寶)의 채색로
백년광명(百年光明)으로
비친다.
연화좌대(蓮華座台)는
팔만(八萬) 금강주(金剛珠)
이 금물로 되여 있다.

第八、 극락의 상관(像觀)

극락국토의 불상(佛像)은
칠보연대(七寶蓮台)하에
앉아 계신다.
금색광명(金色光明)으로서
보수(寶樹)를 비추고
그 국토전역에 걸쳐서
불법설교를 한다.

第九´ 극락의 진신관 (眞身觀)

무량수불 (無量壽佛) 의

신상광명 (身相光明) 은

금색 (金色) 으로서 모든 별무영

으로부터 비쳐나온다.

그 원광중 (圓光中) 에 백천만

(百千萬) 의 화불 (化佛) 이

되어서 염불 (念佛) 하는

중생 (衆生) 으로

제도 (濟度) 하신다.

第十′ 구렁이 관음관(觀音觀)

구렁구로이
관세음보살(觀世音菩薩)은
몸기가 팔십만억유아순
(八十萬億由旬)이 광명
(光明)을 비추고 백천(百千)이
화불(化佛)로 변한다.

第十一 극락의 세지관(勢至觀)

아미타불(阿彌陀佛)의 협사(脇士)
대세지보살(大勢至菩薩)은 그
빛이 백이십오유순(百二十五由旬)
이나 비추며 법광(法光)이
자금색(紫金色)을 이루고
지혜(智慧)의 빛이 모든 곳을
비치게 되며 삼도(三途)의
고통(苦痛)에서 벗어나게
한다.

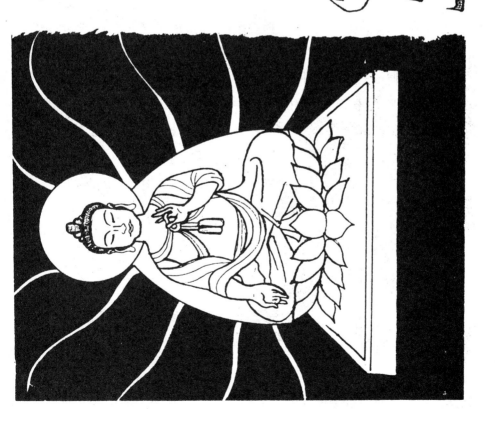

第十二, 극락의 보관(寶觀)

극락세계의 연화(蓮華)
위에 부좌(趺坐)하면
오색색(五音色)의
광선(光線)이 몸을
비치나 수림(樹林)
속에 여러 부처님을
볼 수 있었다.

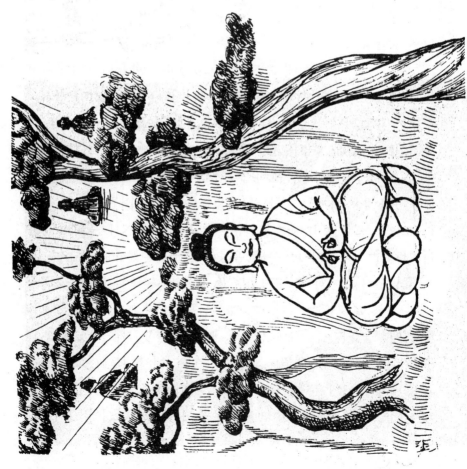

表紙說明

저승에는 지옥과 극락의 두 영역이 있는데 사람들이 이승을 떠나게 되면 (죽게되면) 이두 영역중 어느 한 곳을 택하게 되는데 여기에는 영혼이 마음대로 갈 수 있는 곳이 못되며 이승의 사회생활에서 착하고 의의있고 올바른 善行을 많이 한 자만이 극락으로 가는 길이 인도되고 그러하지 못한자는 모두 지옥행이 된다고 한다.

이 책에서 보는 바와같이 지옥과 극락은 이렇게도 많은 차이가 있다. 누구라도 극락을 갈 수 있도록 이 책에서 지옥과 극락의 비교 이야기들은 독자의 극락행에 길잡이가 되도록 하였으며 表紙"상단"은 서역의 수미산의 극락세계를 돈황벽화에서 원안이 된것을 우리 불국사에서 조형적으로 표시한것을 상기해서 극락세계를 생각하는데 의의가 있다고 상징함이요 "중단"은 지구의 理氣와 만다라의 현상인데 만다라는 道가 깨달음을 말하고 인간의 선과 악 자체가 명암과 같이 전면해 나가는 것이다.

"하단"은 무간지옥의 처벌의 한 광경인데 이 세상에 태어나서 바른 일을 하지못하면 그림과 같이 당하게 되는데 특히 주목할 것은 전생에 사람이었더라도 고기 혼신에 혼용되어서 출생과 같은 무간 고통을 당하게 된다.

"후면"의 그림은 이승에서 지극한 정성이 부처님과 연결이 되면 우리가 상상하지 못한 기적의 일들이 생기게 되는데 —

"바로 죽음의 길목서 기적의 랑데뷰 2시간" 거북등 타고 살아난 부산 "김정남"씨

【로스앤젤리스AP聯合】「니카라과」연안에서 1백 82㎞떨어진 해상을 거대한 거북의 등에 타고 2시간동안 망망대해를 헤매던 한국인선원 金正男씨(27)는 거북의 등에 타게된 경위를 다음과 같이 설명했다.

『한13시간 바다를 헤매었다. 처음에는 상어인줄 알았으나 가만히 보니 거대한 거북이어서 한손으로 껴안았다. 그리고 우리는 천천히 아주 천천히 약 2시간동안 함께 바다를 헤쳐갔다』

그는 그를 구출한 「스웨덴」화물선 「시타델」호에서 한 방송과의 전화대담에서 이렇게 말했다.

화제의 인물이된 金正男씨는 부산출신으로 1968년 일본에 건너가 「리베리아」선박의 갑판원으로 취직했다.

그는 『지난 22일「니카라과」해안을 항해하던중 그는 두통이 나고 잠을 이룰수 없어 갑판으로 나왔다가 갑판에서 그만 헛발을 디뎌 바다속으로 빠졌고 아무도 목격한 사람은 없었다. 한참 물속에서 헤엄을 치다가 기진맥진해서 더이상 팔다리를 놀릴 수 없게 되었을 무렵 바윗덩어리같은 물체를 보았다. 처음에는 상어인줄 알았는데 거북이었다. 거북이에게 다가가 한팔로 껴안고 다시 수영을 계속했다. 거북의 등은 매우 딱딱했는데 미끄럽거나 울퉁불퉁하지 않았다. 바다를 헤쳐가면서 육지가 없나 사방을 둘러보았다. 그때 배한척이 다가왔고 그것이 「시타델」호였다. 나는 배가 고팠고 목이 말라었다. 배가 다가와서 나는 거북을 껴안았던 손을 들고 배로 헤엄쳐 갔다. 그러자 거북은 물속으로 사라졌다. 생명의 은언인 거북이에게 감사할 뿐이다. 더이상 기억에 없다. 난 이제 살아났다. 기쁘다. 무어라 설명할 말이 없다』고 말했다.

한편 「시타델」호의 선장 「베더」씨는 金씨를 구출하던 당시를 이렇게 말하고 있다.

『나는 거대한 거북을 보았다. 그것은 물에 떠있었는데 그냥 바위덩어리 같았다. 선원들이 신기해서 사진도 찍었다. 믿기지 않는 소리지만 사실인걸 어떠하느냐. 우리는 또 金씨가 등에 매달려 있는것을 보았다」

병든 거북일지도

한편 「캘리포니아」大學의 해양생물학자 「말콤·고든」교수는 바다거북이란 놈은 원래 매우 예민해서 다른 물체가 자기 몸에 닿으면 물속으로 들어가는 것이 보통인데 아프거나 상처를 입었을때 물위에 오래 떠 있는데 이번 金씨의 경우가 여기에 해당된것 같다고 덧붙였다.

◈ 저　자 ◈

석인왕, 이광우 공저

불교 극락과 지옥의 실제	정가 18,000원

2014年 11月 15日 인쇄
2014年 11月 20日 발행

저 자 : 석 인 왕
　　　　이 광 우
발행인 : 김 현 호
발행처 : 법문 북스
　　　　〈한림원 판〉
공급처 : 법률미디어

152-050
서울 구로구 경인로 54길 4
TEL : (代表) 2636-2911, FAX : 2636~3012
등록 : 1979년 8월 27일 제5-22호
Home : www.lawb.co.kr